正法眼藏提唱

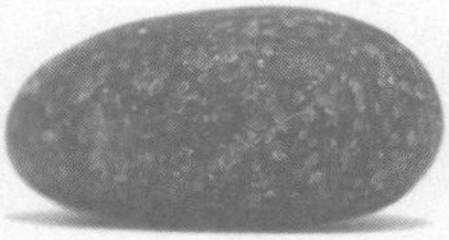

現成公案・有時・諸惡莫作・梅花

曹洞宗准師家
立花知彦

唯学書房

序

――門より入るものは家珍にあらず

「門より入るものは家珍《かちん》にあらず」、雪慧《せっけい》老師は静かに言い放つ。「無《む》門關《もんかん》」の冒頭の句である。門の外から入ってきたものはその家のほんとうの宝物ではない、学び覚えたことはその人の宝物ではないということである。

ここから私のほんとうの修行が始まった。坐禅し、托鉢《たくはつ》した。

人生にはあるとき不意に道しるべが現れる。この書がその道しるべとならんことを願うのみである。

正法眼藏提唱——現成公案・有時・諸悪莫作・梅花

目次

正法眼藏提唱

——現成公案・有時・諸悪莫作・梅花

佛教とは

およそ二千五百年ほど以前に、インドの釈迦族の王家にシッダールタという太子が生まれた。その釈迦族の中で結婚し子供ももうけたと言われているが、あるとき「人はなぜ生きるのか。人はなぜ老いるのか。人はなぜ病になるのか。人はなぜ死ぬのか」との疑問を持ち、家族を捨てて出家したと言われる。様々な苦行の果てに、苦行も捨て菩提樹の下で坐っていて悟りを開いた。釈尊である。

釈尊はその後、集まった弟子たちにその悟りを伝えようとして説法を始めた。釈尊とそこに集まった弟子たち、佛教の始まりである。

この佛教の様相は、私たちが現在目の当たりにする佛教の様相とは大きくかけ離れている。お寺で両親の法要を営んだり、お墓参りをしたり、葬儀をする。そのように両親を大切にする、あるいは先祖を大切にすることは、佛教というよりもむしろ儒教的な様相であろう。

またあるとき、人々は観音さまにお参りをして家族の平安を願ったりする。これは大乗佛教の様相である。

大乗佛教は、それ以前の佛教とは大きく様相を異にする、およそ二千年ほど前に起きた佛教である。それ以前の佛教は悟りを開いた者、佛と、そのもとで修行する弟子たちが佛教教団のすべてであった。

大乗は大きな乗り物ということである。佛あるいはその弟子たちが先達となって一般の人々を救うというのである。一般の人々は佛教の修行をしなくても、佛あるいはその弟子たちを供養することによって、佛あるいはその弟子たちが先達となる大きな乗り物に乗って救われるというのだ。

これは佛教にとって大きな転換であった。これ以後、佛教はすべての面で二面性を持つようになる。なにしろ修行をし悟りを開こうとする者に対する言葉と、その他の人々に語る言葉がまったく視点を異にするようになったのである。

この二面性を多くの人が当然のごとくに思い、そのままに放置していることが、現在の佛教の最も大きな問題点である。

大乗佛教は、佛教が大きく範囲を拡げ世界宗教となるきっかけとなった。おそらく多くの人々に支えられる大乗佛教が起きなければ、日本に佛教は伝わらなかったであろう。そして大乗佛教は私たちに浸透してきた。

佛教は大きく変化してきた。しかし私たちは、本来の佛教とは何であったか、と問わなければならない。そこに私たちが佛教の持つ二面性を克服する唯一の道があるのだ。

雲巖《うんがん》、道悟《どうご》に問ふ、「大悲菩薩《だいひぼさつ》（觀音菩薩《かんのんぼさつ》）、許多《こた》の手眼《しゆげん》を用ゐて作麼《そも》」。

道悟曰、「人の夜間に手を背にして枕子《ちんす》を摸《も》するが如し」。

雲巖が道悟に問うた、「観音菩薩はたくさんの手眼を用いてどうしようというのだ」と。

道悟は答えた、「人が夜中に手を背にして枕を探すのにはよいかな」。

（正法眼藏觀音より）

観音菩薩は大乗佛教の菩薩である。菩薩というまだ修行中の身ではあるが、多くの手と眼をもって人々を救うという。

雲巌は「そんなにたくさんの手眼を用いてどうしようというのだ」と問うのである。救いとは手段を用いてなされるものなのか、という問いである。本来の救いとは手段の問題ではない、ということだ。観音菩薩がほんとうの救い手であるなら手段はいらないはずである、ということである。

道悟は答える。「夜中に手を背にして枕を探すのにはよいかな」と。手段であれば枕を探すのには役に立つということである。一方で、ほんとうの救いではないということだ。

禅家は大乗佛教のまっただ中で「本来の佛教とは」と問うのだ。

坐禅とは

坐禅は「本来の自己」に気づく、ということであり、そのことがすべてであると言ってよい。「本来の自己」というのは「ほんとうの自分自身」ということに違いないが、誰が持っていて誰が持っていないということではなく、当然誰もがそのまっただ中にいる。その中で「本来の自己とは」と問うのである。

しかしながら私たちは「あなたは何ですか？」と訊かれたときに、名前や職業を答えとしたり、考え方やアイデンティティを答えたりするものだ。この名前や職業、アイデンティティなどは、私たちがこの世に生まれてこの方、いろいろな教育を受け、いろいろな人と出会い、いろいろな本を読む結果として得てきたものである。それらはどこかで習い覚えたこと、借りてきたものでしかない。ほんとうにそれでよいのかと問われたときに、不安が生ずるものである。

言ってみれば、私たちはこの私の人生という舞台において、自分自身が役者となり演出家となることによって、「私」を演じているのだ。坐禅は、「その舞台からいちど降りてみたらいかがか」という問いかけである。「何かである自分自身」を脱ぎ捨てて「何でもない自分自身」に帰ってみたらいかがか、という問いかけなのだ。

坐禅は山に登る道というよりも山から下りる道だと言われている。私たちはこれまでいつも山を目指してきた。一生懸命に勉強してよい大学に入るだとか、一生懸命に優れた技術を身につけるよう努力してきた。坐禅も一生懸命に努力して頂上、悟りを目指すものと思われがちである。しかしむしろ、山に登る道から離れるのが坐禅なのである。

私たちにはいつも「私」という主語があり、動詞や目的語が付きまとう。主語と動詞と目的語という枠組みの中で、人はものを考え意味を作り出す。本来のこの世界に意味はあっただろうか。本来のこの世界に主語はあっただろうか。本来の坐禅は「私」という意味から離れるのである。「私」という主語から離れるのである。

佛教では「欲」ということを言う。物質的な欲とか、動物的な欲は分かりやすいが、ほんとうに離れがたく、そして気づきにくいのは「意味」に対する欲である。「私」というものは「意味」が欲しいのである。

坐禅は「意味」から離れ、「私」から離れるのである。「何かをする」ということからも離れ、坐禅をするということからも離れるのである。「坐禅はどうしたらよいのですか」と訊かれることが多いが、「どうしたら」ということも「何かをする」という枠組みの中にある。「どうしたら」ということからも離れよ。そして問うのだ、「本来の自己とは何か」と。

正法眼蔵とは

正法眼蔵《しょうほうげんぞう》は曹洞宗の開祖道元禅師の書物である。道元禅師がお話しになったことを弟子の懐弉《えじょう》禅師が書きとめられた。原本は見つかっていないが、写本によっておおよその概要を知ることができる。

正法眼蔵は坐禅を志す者のために書かれたものである。禅家では、不立文字《ふりゅうもんじ》あるいは教外別伝《きょうげべつでん》と言い書籍による学習を嫌う。しかしながら、ひとつのよりどころとして文字を利用してきたことも事実である。文字によって文字から離れるのである。文字からは意味が生じる。本来の坐禅は意味から離れるのだ。正法眼蔵が永く門外不出であったのは、正法眼蔵の中で意味にとらわれ意味を追求することを避けるためであったかもしれない。

現在、誰もが正法眼蔵を読むことができる。日本における宗教思想の一端を探ろうとして、多くの学者らが読解に挑んできた。そしてその意味を追求し、考え方を探ろうとした。しかし誰も正法眼蔵が思想書ではないことに気づかない。思想、哲学、考え方、意味から離れるのが坐禅なのだ。

この本では正法眼蔵を通して端的に坐禅を読者に伝えたい。注釈などを廃したのはそのためである。読者は先入観を廃し、虚心坦懐にこの本に接してもらいたい。本来のことに徹するとき、かならずや正法眼蔵の伝えたかったことが読者のものとなるであろう。

現成公案の巻

この「現成公案《げんじょうこうあん》」の巻は正法眼蔵七十五巻本の冒頭の巻である。

「現成」とは「今」のことである。「公案」とは「問い」のことである。「今」を「問う」のだ。しかし「今」は「今」という言葉でしかない。言葉に右往左往してはならない。「今」という問いには「今」が答えなのである。「今」が問いであり、「今」が答えである。本来とはそういうものだ。

【正法眼藏 現成公案】

諸法《しよほう》の佛法《ぶつほう》なる時節《じせつ》、すなはち迷悟《めいご》あり、修行《しゆぎよう》あり、生《しよう》あり、死《し》あり、諸佛《しよぶつ》あり、衆生《しゆじよう》あり。

実は佛法というものはない。坐禅というものもないのだ。本来のことを言うとき、本来と言ってしまっては本来という意味になってしまう。本来という意味以前の本来を、あるときは、佛法と言ったり、坐禅と言ったりするのだ。その本来のところでは、「私」のはたらきを含めて本来なのである。私を否定するのが佛教ではない。そこには迷う人、悟る人、衆生があり、諸佛がいる。生があり死があるのが本来のこの世なのである。

萬法《ばんぽう》ともにわれにあらざる時節《じせつ》、

迷《まど》ひなく悟《さとり》なく、諸佛《しよぶつ》なく衆生《しゆじよう》なく、生《しよう》なく滅《めつ》なし。

しかしながら「私」というものが、この世に様々な対立する見解をもたらす。汚れる、清められる、生じる、滅する、増える、減る。本来のところで何が汚れるというのだろうか、何が清められるというのだろうか、何が生じるというのだろうか、何が滅するというのだろうか、何が増えるというのだろうか、何が減るというのだろうか。本来とは本来そのものでしかない。今は今なのだ。

佛道《ぶつどう》もとより豊倹《ほうけん》より跳出《ちようしゆつ》せるゆゑに、

生滅《しようめつ》あり、迷悟《めいご》あり、生佛《しようぶつ》あり。

本来のことは、豊かとかつつましいとか、あるいは善悪、優劣など対立する見解とはおよそかけ離れている。それらの見解は「私」が判断しているにすぎない。そのようなかでも現実には生があり死がある。そして迷う人、悟る人がいるのだ。

しかもかくのごとくなりといへども、

花《はな》は愛惜《あいじやく》にちり、草《くさ》は棄嫌《きけん》におふるのみなり。

しかしながら、やはり花は「私」に愛されてそして惜しまれて散り、草は「私」に嫌われて見すごされながら生えているのである。本来とは「私」を含めてそういう今のことなのである。

自己《じこ》をはこびて萬法《ばんぽう》を修證《しゆしよう》するを迷《めい》とす、萬法《ばんぽう》すすみて自己《じこ》を修證《しゆしよう》するは悟《さと》りなり。

「私」が本来のことを理解し証明してやろう、というのはまさに迷いそのものである。本来のことが本来の「私」をもうすでに証明しているのだ。そのことにほんとうに気づいてこそ、それは悟りなのである。

迷《めい》を大悟《だいご》するは諸佛《しよぶつ》なり、悟《ご》に大迷《だいめい》なるは衆生《しゆじよう》なり。

佛は、迷悟のまっただ中でこそ悟るのだ。衆生は、「今」の中なのに悟りを求め、探ることによって迷うのである。

さらに悟上《ごじょう》に得悟《とくご》する漢《かん》あり、迷中又迷《めいちゅうまためい》の漢《かん》あり。

迷悟のまっただ中で悟る者は、悟りを得て後戻りすることがない。しかしながら、迷いの中でさらに迷いを深めていってしまう者もいる。その悪循環を断ち切るにはこの今という迷悟の中で悟りきるしかない。

諸佛《しょぶつ》のまさしく諸佛《しょぶつ》なるときは、自己《じこ》は諸佛《しょぶつ》なりと覺知《かくち》することをもちゐず。

佛が本来の佛であるときには、「私は佛である」などと自覚しなくてもよいのだ。本来のところに佛というものはないのである。佛ということも「私」が設定したものにすぎない。

しかあれども證佛《しょうぶつ》なり、佛《ほとけ》を證《しょう》しもてゆく。

そのような自覚などなくても、本来のことが本来の自分自身をそのままに証明し、本来の自分自身が本来のことをすでに証明し尽くしているのである。

身心《しんじん》を擧《こ》して色《しき》を見取《けんしゅ》し、身心《しんじん》を擧《こ》して聲《しょう》を聴取《ちょうしゅ》するに、したしく會取《えしゅ》すれども、鏡《かがみ》に影《かげ》をやどすがごとくにあらず、水《みず》と月《つき》とのごとくにあらず。

一方《いっぽう》を證《しょう》するときは一方《いっぽう》はくらし。

すでに証明し尽くしているといっても、誰かがそれを証明しているというのでない。私たちは一心に景色を見たり、一心に音を聴いたりするけれど、そのとき「私」も忘れ景色も忘れている。それは鏡に映った影ではない。水に映った月ではない。そこには見るもの、見られるもの、聴くもの、聴かれるものなどないのだ。

鏡に映ったものを影とするとき、そのものは忘れ去られてしまっている。水に映った月としてしまっては、本来の月は忘れ去られてしまっているだろう。ほんとうに月を見るときは月も忘れ、私も忘れるのだ。

佛道《ぶつどう》をならふといふは、自己《じこ》をならふなり。
自己《じこ》をならふといふは、自己《じこ》をわするるなり。

佛道を習うというのは佛に習うのではない、本来の自分自身に習うというのは「私」を忘れるのである。「私」を手放すのである。本来の自分自身に習うのである。月を見るときは月も忘れ、私も忘れるのだ。

自己《じこ》をわするるといふは、萬法《ばんぽう》に證《しょう》せらるるなり。

「私」を手放してみれば、本来のことにもうすでに本来の自分自身が証明されているのである。どうするこうするということから離れてこその本来である。

萬法《ばんぽう》に證《しょう》せらるるといふは、
自己《じこ》の身心《しんじん》および他己《たこ》の身心《しんじん》をして脱落《だつらく》せしむるなり。

証明されているのは、もとより本来のことが「私」とか「他」とかから離れているということである。もともと離れているものを「私」がどうしようというのだろう。

悟跡《ごせき》の休歇《きゅうけつ》なるあり、休歇《きゅうけつ》なる悟跡《ごせき》を長長出《ちょうちょうしゅつ》ならしむ。

そこにこそ悟りなど追わない本来のことがあり、追いようのない本来に気づいていくのだ。

人《ひと》、はじめて法《ほう》をもとむるとき、はるかに法《ほう》の邊際《へんざい》を離却《りきゃく》せり。

人がはじめて佛法というものに触れ、佛法を求めようとしたときには、本来の佛法ということからははるかにかけ離れている。本来の佛法は、ふつうの考えでは想像もつかないことであるだろう。

法《ほう》すでにおのれに正傳《しょうでん》するとき、

すみやかに本分《ほんぶん》人《ひと》なり。

しかしながら佛法が正しくその人に伝わったときには、まさにその人は本来の人なのである。その人がその人になるのである。気づくのである。

人《ひと》、舟《ふね》にのりてゆくに、目《め》をめぐらして岸《きし》をみれば、岸《きし》のうつるとあやまる。

誰もが船に乗って岸辺に目をやれば、岸辺が動いているように見えてしまう。

目《め》をしたしく舟《ふね》につくれば、舟《ふね》のすすむをしるがごとく、身心《しんじん》を亂想《ろんそう》して萬法《ばんぽう》を辨肯《べんこう》するには、自心自性《じしんじしょう》は常住《じょうじゅう》なるかとあやまる。

しかし目を船に戻してみると、船が進んでいるということに気づくだろう。私たちはそれと同じように「私」がこの世の中で絶対の存在で、私の見方、考え方が絶対のものであると誤って考えてしまう。

もし行李《あんり》をしたしくして箇裏《こり》に歸《き》すれば、萬法《ばんぽう》のわれにあらぬ道理《どうり》あきらけし。

しかし本来の今ということに帰ってみれば、「私」の見方とは関係なくそのものがそのものとしてそこにあるのが道理なのである。

薪《たきぎ》、灰《はい》となる、さらにかへりて薪《たきぎ》となるべきにあらず。

薪は燃えて灰になるが、灰が薪になるわけではない。

しかあるを、灰《はい》はのち、薪《たきぎ》はさきと見取《けんしゆ》すべからず。

それを薪が原因として先にあって、後に結果として灰に変わったと見る必要もない。原因とか結果とかもあくまで「私」の見方にすぎない。

しるべし、薪《たきぎ》は薪《たきぎ》の法位《ほうい》に住《じゆう》して、さきありのちあり。

薪は薪としてそこにある。それ以上でも以下でもない。しかし「私」の見方の中に前後関係あるいは因果関係があるのだ。

前後《ぜんご》ありといへども、前後際断《ぜんごさいだん》せり。

前後関係あるいは因果関係があるといっても、そのようなことはどうでもよいではないか。今は今なのだ。

灰《はい》は灰《はい》の法位《ほうい》にありて、のちありさきあり。

「私」は薪と灰の前後関係あるいは因果関係を見るが、そのようなことを考える以前に薪は薪なのだ。そして灰は灰なのだ。

かの薪《たきぎ》、灰《はい》となりぬるのち、さらに薪《たきぎ》とならざるがごとく、人《ひと》の死《し》ぬるのち、さらに生《せい》とならず。

薪が灰となってまた薪に返ることはないように、人も死んでしまったら生き返ってはこないのである。この世の中には前後関係というものは当然ある。

しかあるを、生《せい》の死《し》になるといはざるは、佛法《ぶつほう》のさだまれるならひなり。

しかしながらそれを生が死になると言わないのは、本来のこととはそういうものだということとなのである。それが佛法なのだ。「私」だけが本来の中の因果を見ているにすぎない。

このゆゑに不生《ふしょう》といふ。

般若心経に「不生不滅」とあるが、本来のところ、生でも滅でもないところを不生というのである。その今を不生というのである。

死《し》の生《せい》にならざる、法輪《ほうりん》のさだまれる佛轉《ぶつてん》なり。

このゆゑに不滅《ふめつ》といふ。

死は死として今ここにある。生は生として今ここにある。これこそ釋尊の説いた本来のところなのだ。今ということは滅することがない、その本来のところを不滅というのである。

生《せい》も一時《いちじ》のくらゐなり、死《し》も一時《いちじ》のくらゐなり。

生もそのときのことであり、死もそのときのことである。

たとへば、冬《ふゆ》と春《はる》のごとし。

冬《ふゆ》の春《はる》となるとおもはず、春《はる》の夏《なつ》となるといはぬなり。

それはたとえて言えば、冬や春の季節のようなものである。冬が春になるのではない、春が夏になるのではないのだ。春は春、夏は夏、生は生、死は死、それ以上のことがあるだろうか。

人《ひと》の悟《さと》りをうる、水《みず》に月《つき》のやどるがごとし。
月《つき》ぬれず、水《みず》やぶれず。

人が悟りを開くというのは、水に月が映るように本来のことがその人に映るのである。映ったからといって月が濡れないように、本来のことが崩されるわけではなく、水に穴があかないように、その人が特別の人になるということもない。その人はあくまでその人であるのだ。

ひろくおほきなるひかりにてあれど、
尺寸《しゃくすん》の水《みず》にやどり、全月《ぜんげつ》も彌天《みてん》も、
くさの露《つゆ》にもやどり、一滴《いってき》の水《みず》にもやどる。

月が大きな光であるように、本来のことも何ごとをも照らし出す大きな光だから、一尺あるいは一寸の小さな水にも月が映るように、どんな人にでも本来の光は届く。

月全体も空全体も、草の露にも映り一滴の水にも映るものである。

悟《さと》りの人《ひと》をやぶらざる事《こと》、
月《つき》の水《みず》をうがたざるがごとし。

悟りというのはその人をどうこうするものではない。それは月が水に穴をあけないようなものである。

人《ひと》の悟《さと》りを罣礙《けいげ》せざること、
滴露《てきろ》の天月《てんげつ》を罣礙《けいげ》せざるがごとし。

人も悟りをどうこうするものではない。一滴の露が天の月をどうするものではないのと同じである。

ふかきことはたかき分量《ぶんりょう》なるべし。

深く映っている月は、月が高いところにあるということである。その人に映っている本来のことは、本来のことが誰をも照らす高い光だということである。

時節《じせつ》の長短《ちょうたん》は、大水小水《だいすいしょうすい》を撿點《けんてん》し、
天月《てんげつ》の廣狹《こうきょう》を辨取《べんしゅ》すべし。

今ということがどれくらいの時間のことを言うのかとか考えている暇があったら、自分自身がもともと大きいのか小さいのかをよく考えてみればよい。また本来のことが広いのか狭いのかを考えてみるべきである。今というのはそのようなことを考えている時間もないのだ。それが今ということである。

身心《しんじん》に法《ほう》いまだ參飽《さんぼう》せざるには、
法《ほう》すでに足《た》れりとおぼゆ。

人は本来のことを分かっていないときこそ、もうじゅうぶんに分かっていると思うものである。本来のことが分かっていない証拠である。

法《ほう》もし身心《しんじん》に充足《じゅうそく》すれば、
ひとかたは足《た》らずとおぼゆるなり。

本来のことに気づいてみれば、むしろ足りないと思うときもあるくらいである。坐禅は人としての完成などという絵に描いた餅を求めるものではない。

たとへば、船《ふね》にのりて山《やま》なき海中《かいちゅう》にいでて
四方《よも》をみるに、ただまろにのみみゆ、
さらにことなる相《そう》みゆることなし。

たとえば船に乗って山も見えない沖の海に出てみるとしよう。そこで四方を見渡してみれば、ただ丸にしか見えないものである。

しかあれど、この大海《たいかい》、まろなるにあらず、方《ほう》なるにあらず、のこれる海徳《かいとく》つくすべからざるなり。

しかしながら、この大海は丸でもないし四角でもない。何と言っても海の姿を表すことはできないであろう。

宮殿《きゅうでん》のごとし、瓔珞《ようらく》のごとし。

中国に伝わる書物では、魚にとっては海が宮殿に見えると言われるし、天人とっては海が宝物の首飾りの地と見えると言われる。それぞれがそれぞれの見方を持っているにすぎない。

ただわがまなこのおよぶところ、しばらくまろにみゆるのみなり。

ただ「私」の目が及ぶところでは、そのとき丸に見えただけである。

かれがごとく、萬法《ばんぽう》またしかあり。

塵中格外《じんちゅうかくがい》、おほく様子《ようす》を帯《たい》せりといへども、
參學眼力《さんがくがんりき》のおよぶばかりを見取會取《けんしゅえしゅ》するなり。

すべてのことがそのように言える。すべてのところで「私」の眼の届くところだけを、「私」は見ているだけである。

萬法《ばんぽう》の家風《かふう》をきかんには、方圓《ほうえん》とみゆるほかに、
のこりの海徳山徳《かいとくさんとく》おほくきはまりなく、
四方《よも》の世界《せかい》あることをしるべし。

そのように「私」の見方に頼っていては、本来のことは見えてくるはずもない。丸だとか四角だとか言っているのではどうにもならない。海の姿、山の姿には限りがないのである。様々な見方があることを知って「私」の見方に固執してはならないのである。

かたはらのみかくのごとくあるにあらず、
直下《じきげ》も一滴《いってき》もしかあるとしるべし。

それは「私」の周囲だけのことではなく、今ということも一滴のことも、そのものがそのものとしてあるそれだけなのだ。「私」の見方に固執するとき、本来のことはどこかに忘れ去られてしまうのである。

魚水《うおみず》をゆくに、ゆけども水《みず》のきはなく、
鳥空《とりそら》をとぶに、とぶといへども空《そら》のきはなし。

魚が水の中を泳ぐとき、魚は水の果てなどは考えない。同じように、鳥も空を飛んでいるが空の果てなどはない。

しかあれども、魚鳥《うおとり》、

いまだむかしより水空《みずそら》をはなれず。

だからこそ、魚も鳥も昔から水や空から離れたことはないのである。魚は魚の本分を尽くして泳いでいる。鳥も鳥の本分を尽くして飛んでいるのだ。

只用大《ただようだい》のときは使大《しだい》なり。要小《ようしょう》のときは使小《ししょう》なり。

ただ必要であれば遠くまで行き、必要でなければそこにいるというだけである。

かくのごとくして、頭頭《とうとう》に邊際《へんざい》をつくさずといふ事《こと》なく、處處《しょしょ》に踏翻《とうはん》せずといふことなしといへども、鳥《とり》もし空《そら》をいづればたちまちに死《し》す、魚《うお》もし水《みず》をいづればたちまちに死《し》す。

このようにして魚も鳥も行く限りを行き、動く限りを動いているのだ。だが鳥が空を離れてしまったらすぐに死んでしまうだろう、魚が水を離れてしまったらすぐに死んでしまうだろう。私たちを含めてそれぞれがそれぞれの今に生きているのだ。生きているという以前に、今ここにあるのだ。

以《い》水《すい》爲《い》命《めい》しりぬべし、以《い》空《くう》爲《い》命《めい》しりぬべし。

以《い》鳥《ちよう》爲《い》命《めい》あり、以《い》魚《ぎよ》爲《い》命《めい》あり。

以《い》命《めい》爲《い》鳥《ちよう》なるべし、以《い》命《めい》爲《い》魚《ぎよ》なるべし。

水が命なのだ。空が命なのだ。魚が命なのだ。鳥が命なのだ。命が鳥なのだ。命が魚なのだ。

このほかさらに進《しん》歩《ぽ》あるべし。

修《しゆ》證《しよう》あり、その壽《じゆ》者《しや》命《みよう》者《しや》あること、かくのごとし。

このほかさらに今を言ってもよい。水が水なのだ。空が空なのだ。魚が魚なのだ。

鳥が鳥なのだ。命が命なのだ。そこに本来があり、生きとし生けるものはまさにこのようなことなのである。

しかあるを、水《みず》をきはめ、空《そら》をきはめてのち、水空《みずそら》をゆかんと擬《ぎ》する鳥魚《とりうお》あらんは、水《みず》にも空《そら》にもみちをうべからず、ところをうべからず。

それなのに水を極め尽くし、空を極め尽くしてから、水、空を行こうとする魚、鳥があったとしたら、水にも空にも居場所がなくなってしまうであろう。本来というとは極め尽くすべきものかどうか考えてみる必要がある。本来ということを極めようという「私」を手放すのだ。

このところをうれば、この行李《あんり》したがひて現成公案《げんじょうこうあん》す。

今ここという本来を自分のものにするならば、その今ここそが問いであり答えそのものなのである。これが現成公案である。

このみちをうれば、この行李《あんり》したがひて現成公案《げんじょうこうあん》なり。

今ここという本来の道を自分のものにするならば、その今こそが問いであり答えそのものなのである。これが現成公案である。

このみち、このところ、大《だい》にあらず小《しょう》にあらず、自《じ》にあらず他《た》にあらず、さきよりあるにあらず、いま現《げん》ずるにあらざるがゆゑにかくのごとくあるなり。

この道もこのところも、大きいとか小さいとかの問題ではない。「私」とか「他」とかいう問題でもない。以前からあったということでもなく、今、現れたということでもないからこそ、今ここにこのようにあるのだ。

しかあるがごとく、人《ひと》もし佛道《ぶつどう》を修證《しゅしょう》するに、得《とく》一法《いっぽう》、通《つう》一法《いっぽう》なり、遇《ぐう》一行《いちぎょう》、修《しゅう》一行《いちぎょう》なり。

そのようにもし人が佛道の修行を志すならば、今に出会って今に通じるのである。今に出会って今を修行するのである。

これにところあり、みち通達《つうたつ》せるによりて、しらるるきはのしるからざるは、このしることの、佛法《ぶっぽう》の究盡《ぐうじん》と同生《どうしょう》し、同參《どうさん》するゆゑにしかあるなり。

今ここここそが修行の場である。すでに今ここに本来の道は通じているのだ。だから知ることのできる限界などは、知る必要もないのである。今ここに佛法の究極とともに生き、ともにあるのに、何を知ろうというのだろうか。

得處《とくしょ》かならず自己《じこ》の知見《ちけん》となりて、

慮《りよ》知《ち》にしられんずるとならふことなかれ。

佛法において知るところは、知識となってかならず分かることができるなどと思ってはならない。知るという行為が余計なのである。

證究《しようきゆう》すみやかに現成《げんじよう》すといへども、密有《みつう》かならずしも現成《げんじよう》にあらず、見成《げんじよう》これ何必《かひつ》なり。

本来のことを極めることはできても、かならずしも本来のことがすべて顕わにされるということではない。本来のことがすべて顕わにされるなどということがどうして必要であろうか。今というのは現成であるとも言え、またかならずしも現成ではないとも言えるのだ。

麻浴山寶徹禪師《まよくさんほうてつぜんじ》、扇《おうぎ》をつかふちなみに、僧《そう》きたりてとふ、風性常住無處不周《ふうしようじようじゆうむしよふしゆう》なり、なにをもてかさらに和尚扇《おしょうおうぎ》をつかふ。

その昔、麻浴山宝徹禅師が扇子を使って扇いでいるときに、修行僧が来て問うた。風というのはどこにでもあり行き渡らないところはないと言われているが、その中でなぜあえて扇を使って風を起こすのか、と。風というのは禅家では、本来のこと佛法そのもののことのたとえである。本来のことは今ここにある、そこに禅師はあえて「私」の力をもって余計な手を加えているのではないか、という問いである。

師《し》いはく、なんぢただ風性常住《ふうしょうじょうじゅう》をしれりとも、いまだところとしていたらずといふことなき道理《どうり》をしらずと。

すると禅師は答える。おまえは風というのはどこにでもあることは知っているようだが、行き渡らないところはないという道理のことは知らないようだな、と。

僧《そう》いはく、いかならんかこれ無處不周底《むしよふしゆうてい》の道理《どうり》。

それでは行き渡らないところはないという道理とはなんですか、と修行僧は問う。

ときに、師《し》、扇《おうぎ》をつかふのみなり。

そのとき禅師は扇子で扇いでいるだけだった。

僧《そう》、禮拜《らいはい》す。

修行僧は礼拝したが、分かって礼拝したのか、分からずしたのか。ただ陥ってはならないのは、自然の風も人工の風もすべてが本来のことなのだ、という理解だ。そういったたぐいの理解に誰もが陥りやすいものである。理解などどうでもよい。ただ今ということに礼拝するのだ。本来に礼拝するのだ。

佛法《ぶつぽう》の證驗《しようけん》、正傳《しようでん》の活路《かつろ》、それかくのごとし。

この本来の礼拝こそが佛法の表れであり、釋尊から正しく伝わった道なのである。

常住《じようじゆう》なれば扇《おうぎ》をつかふべからず、つかはぬをりも風《かぜ》をきくべきといふは、常住《じようじゆう》をもしらず、風性《ふうしよう》をもしらぬなり。

常にどこにでもあるのだからあえてそこに余計な手を加える必要がないとか、余計なことをせずに自然の風にまかすべきだとか言う人は、常住ということも知らないし、風という本来のことにも考えが至らない。

風性《ふうしよう》は常住《じようじゆう》なるがゆゑに、佛家《ぶつけ》の風《ふう》は、大地《だいち》の黄金《おうごん》なるを現成《げんじよう》せしめ、長河《ちようが》の蘇酪《そらく》を參熟《さんじゆく》せり。

本来のことが今ここのことであるからこそ、大地が大地そのものであるという本来の黄金に匹敵するような宝を現すのであり、乳が発酵し熟して蘇酪ができるように長河が長河そのものになるのだ。

正法眼藏の中の禪問答　一

南嶽と馬祖（坐禪箴より）

馬祖《ばそ》道一《どういつ》禅師はかつて南嶽《なんがく》懐譲《えじょう》禅師のもとに参じ修行していた。馬祖道一禅師は坐禅三昧の日々をおくっていた。

あるとき師匠の南嶽がそこを通りかかって問うた。「坐禅して何をしようというのだ」。

馬祖は答える。「佛になる」。

すると南嶽は瓦を拾ってきて石に当てて研ぎだした。

馬祖は不審に思って問う。「師匠、何をしているのですか」。

南嶽は言った。「磨いて鏡にするのだ」。

馬祖は訊いた。「瓦を磨いて鏡になりますか」。

南嶽はすかさず答える。「それでは坐禅して佛になるというのか」。

自分自身になる、というのも余計なことだ。坐禅して何になるというのだ。

有時の巻

この「有時《うじ》」の巻を道元禅師の時間論だとする人たちがいる。まことに粗忽の極みである。道元禅師は時間など論じない。時間など考えない。ただ論じる以前の「今」、考える以前の本来を後に伝えようとしているだけである。

「有時」とは「今」のことなのである。

【正法眼蔵 有時】

古佛言《こぶつのたまわく》、有時《あるとき》高高峰頂立《こうこうほうちょうりつ》、有時《あるとき》深深海底行《しんしんかいていぎょう》。

薬山《やくさん》禅師が言うには、あるときは高い峰のいただきに立つ。またあるときは深い海底を行く。

有時《あるとき》三頭八臂《さんとうはっぴ》、有時《あるとき》丈六八尺《じょうろくはっしゃく》。

あるときは三つの頭に八本の腕。あるときは立って一丈六尺、坐して八尺と言われる佛の姿。

有時《あるとき》拄杖拂子《しゅじょうほっす》、有時《あるとき》露柱燈籠《ろちゅうとうろう》。

あるときは杖であったり、拂子であったり。あるときは本堂の丸柱や燈籠。

有時《あるとき》張三李四《ちょうさんりし》、有時《あるとき》大地虚空《だいちこくう》。

あるときはそこらの張さんだったり、李さんだったり。そしてあるときは大地であり虚空である。

いはゆる有時《あるとき》は、時《とき》すでにこれ有《ある》なり、

有《ある》はみな時《とき》なり。

この「有時」というのは、「時」が「有」であり、「有」が「時」なのである。「色即是空、空即是色」でもそうなのだが、「空」も「色」もたった「今」の本来に溶け合っているということである。「有」も「時」も「今」に溶け合っているのだ。だから「時」が「有」であり、「有」が「時」なのである。私たちが「存在」だとか「時間」だとかの考えを差しはさむ余地のない「今」なのである。

丈六《じょうろく》金身《こんしん》これ時《とき》なり、

時《とき》なるがゆゑに時《とき》の莊嚴光明《しょうごんこうみょう》あり。

いまの十二時《じゅうにじ》に習學《しゅうがく》すべし。

佛身として現れる「今」もある。「時」という「今」だからこそ「今」におごそかに照らされるのである。その「今」が常に四六時中であることを学ぶべきなのである。

三頭八臂《さんとうはっぴ》これ時《とき》なり、

時《とき》なるがゆゑにいまの十二時《じゅうにじ》に一如《いちにょ》なるべし。

頭が三つ手が八本の身として現れる「今」もある。「時」という「今」だからこその「今」とひとつになるのだ。

十二時《じゅうにじ》の長遠短促《ちょうえんたんそく》、いまだ度量《たくりょう》せずといへども、これを十二時《じゆうにじ》といふ。

「時」が長いとか短いとかいまだに測ったことはないし、測りようもないことなのだが、その「時」を四六時とも言い、一日とも言い、「今」とも言うのである。

去來《こらい》の方跡《ほうせき》あきらかなるによりて、

人《ひと》これを疑著《ぎじやく》せず、疑著《ぎじやく》せざれどもしれるにあらず。

その「時」、その「今」が過ぎ去っていくのはあまりにも明白なので、誰も疑うことはない。疑うことはないけれど、その「今」を知っているということではない。

知りようもないことだし、知る必要もないのである。

衆生《しゆじよう》もとよりしらざる毎物毎事《まいぶつまいじ》を

疑著《ぎじやく》すること一定《いちじよう》せざるがゆゑに、疑著《ぎじやく》する前程《ぜんてい》、かならずしもいまの疑著《ぎじゃく》に符合《ふごう》することなし。

人は知らない物事に対して疑いを抱いたり、抱かなかったりするが、抱いたときにも以前に抱いた疑いと必ずしも同じではない。「今」ということが知りようもないことだし、知る必要もないゆえんである。

ただ疑著《ぎじゃく》しばらく時《とき》なるのみなり。

ただ疑いを抱いてみる、という「今」があるだけである。

われを排列《はいれつ》しおきて盡界《じんかい》とせり、

この盡界《じんかい》の頭頭《ずず》物物《ぶつぶつ》を時時《じじ》なりと覰見《しょけん》すべし。

その人その人が集まってこの世界ができている。この世界の人々《にんにん》あるいは物々それぞれが、その時という「今」にあることを見てみるべきなのだ。

物物《ぶつぶつ》の相礙《そうげ》せざるは、時時《じじ》の相礙《そうげ》せざるがごとし。

その物、その物の「今」がたがいに邪魔しあわないのは、その時、その時がおたがいに邪魔しあわないのと同じである。その物のその時があるだけだろう。

このゆゑに同時發心《どうじほつしん》あり、同心發時《どうしんほつじ》なり。

この中で同時に心を起こすことがあり、その心も時によって起こされるのではなく、心が時を起こすとも言えるのだ。どちらが先だとか、どちらが主であるとか因果を言えないのが「今」の姿である。

および修行成道《しゆぎようじようどう》もかくのごとし。

われを排列《はいれつ》してわれこれをみるなり。

自己《じこ》の時《とき》なる道理《どうり》、それかくのごとし。

修行と成道の関係も、その心と時と同じである。まさに修行の「今」が成道の「今」なのである。私たちは時の前後に修行と成道を並べてみる。修行して成道するのだと。しかしほんとうの時とは「今」のことであろう。「今」が修行であり、成道なのだ。それぞれが「今」という時のまっただ中にいるのは、そういうことなのである。

恁麼《いんも》の道理《どうり》なるゆゑに、盡地《じんち》に萬象百草《ばんぞうひゃくそう》あり、一草一象《いっそういちぞう》おのおの盡地《じんち》にあることを參學《さんがく》すべし。

その「今」という道理だからこそ、この世界にいろいろなことが起こり、様々なものがあるのだ。どれもが「今」というこの世界のことだと学ぶべきなのである。

かくのごとくの往來《おうらい》は、修行《しゅぎょう》の發足《ほっそく》なり。

ここから修行は始まるのだ。この「今」という時に始まるのである。

到恁麼《とういんも》の田地《でんち》のとき、すなはち一草一象《いっそういちぞう》なり、會象不會象《えぞうふえぞう》なり、會草不會草《えそうふえそう》なり。

このような「今」に至り、このような「今」に気づいて、本来の修行がそこにあり、草は草となるのである。そのものを分かろうが分かるまいが草は草なのである。

正《しょう》當《とう》恁《いん》麼《も》時《じ》のみなるがゆゑに、有《う》時《じ》みな盡《じん》時《じ》なり、有《う》草《そう》有《う》象《ぞう》ともに時《とき》なり。

本来は「今」という時しかないのだから、「ある時」というのはすべての時のことなのだ。ある草、ある物もまた「今」という時なのである。

時《じ》時《じ》の時《とき》に盡《じん》有《う》盡《じん》界《かい》あるなり。しばらくいまの時《とき》にもれたる盡《じん》有《う》盡《じん》界《かい》ありやなしやと觀《かん》想《そう》すべし。

その時その時にこの世界がある。「今」という時にはずれた世界があるだろうかと考えてみたらよい。そのようなことはあり得ない。

しかあるを、佛法《ぶつほう》をならはざる凡夫《ぼんぷ》の時節《じせつ》に
あらゆる見解《けんかい》は、有時《うじ》のことばをきくにおもはく、
あるときは三頭《さんとう》八臂《はっぴ》となれりき、
あるときは丈六《じょうろく》八尺《はっしゃく》となれりき。

それなのに佛法に接したことのない者たちによくある見解は、有時の言葉を聞いて、あるときは三つの頭に八本の腕となり、またあるときは一丈六尺と言われる佛の姿となる、と思ってしまう。

たとへば、河《かわ》をすぎ、山《やま》をすぎしがごとくなりと。
いまはその山河《さんが》、たとひあるらめども、

われすぎきたりて、いまは玉殿朱楼《ぎょくでんしゅろう》に処《しょ》せり、山河《さんが》とわれと、天《てん》と地《ち》となりとおもふ。

たとえば川を渡り、山を登ってきたようなことである。山や川はもちろん今もあるだろうが、今はそこを通り過ぎて立派な宮殿にいる。だから山や川のことは過去のことで天と地が隔たっているように感じてしまう。

しかあれども、道理《どうり》この一條《いちじょう》のみにあらず。

しかしながら、ものごとの本来というのはこういう感じ方に限定されはしない。

いはゆる山《やま》をのぼり河《かわ》をわたりし時《とき》にわれありき、われに時《とき》あるべし。われすでにあり、時《とき》さるべからず。

山に登ったとき、川を渡ったとき、それぞれに「私」の「今」があった。「私」はあるとかないとか言う以前にそこにいて、どこからか来てどこかへ去って行くというものではない「今」があった。

時《とき》もし去來《こらい》の相《そう》にあらずは、
上山《じょうさん》の時《とき》は有時《うじ》の而今《じこん》なり。

「今」がもしどこからか来てどこかへ去って行くというものではないとしても、山に登るときは山に登るときの「今」なのである。

時《とき》もし去來《こらい》の相《そう》を保任《ほにん》せば、
われに有時《うじ》の而今《じこん》ある、これ有時《うじ》なり。

「今」がもしどこからか来てどこかへ去って行くものだとしても、「今」ここに「今」がある。それを「有時」というのだ。

かの上山渡河《じょうさんとが》の時《とき》、

この玉殿朱樓《ぎょくでんしゅろう》の時《とき》を呑却《どんきゃく》せざらんや、吐却《ときゃく》せざらんや。

過ぎ去った登山渡河の時が、この「今」の宮殿の時を含むというのだろうか、あるいは含まれているというのだろうか。そのようなことを考える以前に、ここに「今」があるだろう。そのことを放っておいて何を考えるというのだろうか。

三頭八臂《さんとうはっぴ》はきのふの時《とき》なり、丈六八尺《じょうろくはっしゃく》はけふ時《とき》のなり。

だからこそ三つの頭に八本の腕の昨日があり、一丈六尺と言われる佛の姿の今日がある。それぞれがそれぞれの「今」である。

しかあれども、その昨今《さっこん》の道理《どうり》、
ただこれ山《やま》のなかに直入《じきにゅう》して、
千峰萬峰《せんぽうばんぽう》をみわたす時節《じせつ》なり、すぎぬるにあらず。

昨日だとか今日だとか理屈っぽいことを言ってしまったが、山に登って周りの山々を見渡したときのことを言っているのである。ただその時節なのである。過去のことだとか現在のことだとかどうでもよいではないか。

三頭八臂《さんとうはっぴ》もすなはちわが有時《うじ》にて一經《いっきょう》す、彼方《かなた》にあるににたれども而今《じこん》なり。

三つの頭に八本の腕の時も「今」として過ぎてきた。過去のことのようだが、本来そのものなのである。ただその時節なのである。

丈六八尺《じょうろくはっしゃく》も、すなはちわが有時《うじ》にて一經《いっきょう》す、彼處《かしこ》にあるににたれども而今《じこん》なり。

一丈六尺と言われる佛の姿の時も「今」として過ぎてきた。過去のことのようだが、本来そのものなのである。ただその時節なのである。

しかあれば、松《まつ》も時《とき》なり、竹《たけ》も時《とき》なり。

だから松も竹もそのものの「今」なのである。そのものの本来なのである。そのものの時なのである。

時《とき》は飛去《ひこ》するとのみ解會《げえ》すべからず、
飛去《ひこ》は時《とき》の能《のう》とのみは學《がく》すべからず。

だから時は過ぎ去っていくというだけの理解ではいけない。過ぎ去っていくのが時なのだということではない。「今」は飛び去るだろうか、あるいは本来は飛び去ってしまうであろうか。

時《とき》もし飛去《ひこ》に一任《いちにん》せば、間隙《かんげき》ありぬべし。
有時《うじ》の道《どう》を經聞《きょうもん》せざるは、
すぎぬるとのみ學《がく》するによりてなり。

「今」が過ぎ去る時であるならば、それは「今」とは言えない。本来とは言えない。「今」が「今」でないという隙間になってしまう。「有時」ということ、「今」ということを聞くことができないのは、「今」が過ぎ去るものだと勘違いしてしまうためである。

要《よう》をとりていはば、盡界《じんかい》にあらゆる盡有《じんう》は、つらなりながら時時《じじ》なり。有時《うじ》なるによりて吾有時《われうじ》なり。

要するにこの世界のすべてのものは、「今」が連なっているようなものなのだ。「今」が「今」であるからこそ、この「今」がある。

有時《うじ》に經歴《きようりやく》の功徳《くどく》あり。いはゆる今日《きよう》より明日《あした》へ經歴《きようりやく》す、今日《きよう》より昨日《さくじつ》に經歴《きようりやく》す、昨日《さくじつ》より今日《きよう》へ經歴《きようりやく》す。

「有時」という「今」、「有時」という本来には継続していく力がある。「有時」という本来は今日から明日に継続していくのだ。また今日は昨日に繋がっているのだ。そして昨日から今日に継続してきたのだ。本来だからこそ、ほんとうの継続がそこにある。

今日《きょう》より今日《きょう》に經歴《きょうりゃく》す、明日《あした》より明日《あした》に經歴《きょうりゃく》す。經歴《きょうりゃく》はそれ時《とき》の功徳《くどく》なるがゆゑに。

それは今日が今日に繋がっているとも言える。「今」は「今」なのである。明日は明日なのだ。それが本来の力、本来の時のはたらきというものである。

古今《ここん》の時《とき》、かさなれるにあらず、ならびつもれるにあらざれども、青原《せいげん》も時《とき》なり、黄檗《おうばく》も時《とき》なり、江西《こうせい》も石頭《せきとう》も時《とき》なり。

過去と今が重なったりすることは、もちろんないことであるけれども、青原行《せいげんぎょう》思《し》禅師の時も青原行思禅師の「今」という時であり、黄檗希運《おうばくきうん》禅師の時も黄檗希運禅師の「今」という時であった。それぞれがそれぞれの時であったのだ。江西馬祖《こうせいばそ》禅師も石頭希遷《せきとうきせん》禅師も「今」という時であったのである。

自他《じた》すでに時《とき》なるがゆゑに、修證《しゅしょう》は諸時《しょじ》なり。入泥入水《にゅうでいにっすい》おなじく時《とき》なり。

自分自身も「今」という時であり、他の者も「今」という時である。だから修行という行為も、証明という結果も、「今」という時にほかならず、「今」という時に修證というしかないひとつのものなのである。泥の中に入り水の中に入って人を救うということも「今」という時でしかない。

いまの凡夫《ぼんぷ》の見《けん》、をよび見《けん》の因縁《いんねん》、これ凡夫《ぼんぷ》のみるところなりといへども、凡夫《ぼんぷ》の法《ほう》にあらず、

法《ほう》しばらく凡夫《ぼんぷ》を因縁《いんねん》せるのみなり。

「今」ということに対してふつうの人が持つ見方、あるいはその見方から発生するいろいろな見解も、ふつうの人の考え方というよりも、本来という佛法が人にしばらくはそう考えさせているのである。いずれ本来という佛法に気づくときも来るはずである。

この時《とき》、この有《う》は、法《ほう》にあらずと學《がく》するがゆゑに、

丈六金身《じょうろくこんしん》はわれにあらずと認《にん》ずるなり。

この「有時」、この「今」のことを佛法ではないと「私」がしてしまうから、佛は「私」とは関係ないと思ってしまうのだ。この「今」こそ本来の佛の時節であるのだ。

われを丈六金身《じょうろくこんしん》にあらずとのがれんとする、

またすなはち有時《うじ》の片片《へんぺん》なり、未證據者《みしょうこしゃ》の看看《かんかん》なり。

「私は佛ではない」と本来から逃げてしまうのも、その人のその時ということではあるが、ほんとうには分かっていない者の考えである。

いま世界《せかい》に排列《はいれつ》せるむまひつじをあらしむるも、住法位《じゅうほうい》の恁麼《いんも》なる昇降上下《しょうこうじょうげ》なり。

この世には午年とか未年とかあるが、それも「今」という時の本来の姿の前後のことである。

ねずみも時《とき》なり、とらも時《とき》なり、生《せい》も時《とき》なり、佛《ほとけ》も時《とき》なり。

だから子年も「今」という時であり、寅年もそうである。さらに言えば生というのも「今」という時であり、佛も「今」という時である。それぞれがそれぞれの

「今」という時だけである。

この時《とき》、三頭八臂《さんとうはっぴ》にて盡界《じんかい》を證《しょう》し、
丈六金身《じょうろくこんしん》にて盡界《じんかい》を證《しょう》す。

この「今」という時だからこそ、三つの頭に八本の腕の時にも本来のこの世界をもうすでに証明しているのであり、また一丈六尺と言われる佛の姿の時も本来この世界であるともうすでに証明されているのだ。

それ盡界《じんかい》をもて盡界《じんかい》を界盡《かいじん》するを、
究盡《ぐうじん》するとはいふなり。

もうすでに証明し尽くされ、そしてもうすでに証明され尽くしているのを、佛法を極め尽くすと言うのである。

丈六金身《じょうろくこんしん》をもて丈六金身《じょうろくこんしん》するを、發心修行菩提涅槃《ほっしんしゅぎょうぼだいねはん》と現成《げんじょう》する、すなはち有《う》なり、時《とき》なり。

佛の姿で佛を証明し、証明される、それがまさに釋尊が発心して修行し悟りを開いて涅槃に入ったことを再現する「有時」という「今」なのである。

盡時《じんじ》を盡有《じんう》と究盡《ぐうじん》するのみ。

さらに剰法《じょうほう》なし、剰法《じょうほう》これ剰法《じょうほう》なるがゆゑに。

この「今」をもって「今」を証明し、証明される、そのものをもってそのものを証明し、証明される、それが極め尽くすということである。余計なことは一切ない。余計なことは余計なことでしかないからである。

たとひ半究盡《はんぐうじん》の有時《うじ》も、半有時《はんうじ》の究盡《ぐうじん》なり。

たとひ蹉過《しゃか》すとみゆる形段《けいだん》も有《う》なり。

半分は極め尽くしたということもあるだろう。間違っていると見えることもあるだろう。世の中にはいろいろな様子があるものである。

さらにかれにまかすれば、蹉過《しやか》の現成《げんじよう》する前後《ぜんご》ながら、有時《うじ》の住位《じゆうい》なり。

その間違いが現れる時も、「有時」という「今」の様子なのである。

住法位《じゆうほうい》の活鱍鱍地《かつぱつぱつち》なる、これ有時《うじ》なり。無《む》と動著《どうちやく》すべからず、有《う》と強爲《きようい》すべからず。

それぞれの様子が生き生きとしてある。それを「今」あるいは「有時」というのである。「要するにそれが無ということなんだ」と考えてはならない。それを「無」としてどうするというのだ。あるいはそれが「有」なんだと無理して考えることもない。もともと本来のところは無でも有でもない。

時《とき》は一向《いつこう》にすぐるとのみ計功《けこう》して、未到《みとう》と解會《げえ》せず。

解會《げえ》は時《とき》なりといへども、他《た》にひかるる縁《えん》なし。

「今」が一方向に過ぎてゆくものだとばかり考えて、「今」がまだここには至っていないと理解するものではない。理解というのも「今」ということのひとつの様子ではあるけれども、理解によって「今」が変わるわけでもない。

去來《こらい》と認《にん》じて、住位《じゅうい》の有時《うじ》と見徹《けんてつ》せる皮袋《ひたい》なし。

いはんや透關《とうかん》の時《とき》あらんや。

「今」が過ぎ去っていくとする者には、本来の「今」ということが分からない。ましてこの本来への関門を通ることができようか。

たとひ住位《じゅうい》を認《にん》ずとも、

たれか既得恁麼《きとくいんも》の保任《ほにん》を道得《どうとく》せん。

「今」が過ぎ去っていくと認めたとしても、このもうすでにあるこの「今」をどうしようというのだろうか。

たとひ恁麼《いんも》と道得《どうとく》せることひさしきを、いまだ面目現前《めんもくげんぜん》を模捺《もさく》せざるなし。

昔から「かくの如く」ということをずっと言ってきたのだが、いまだに「今」を「かくの如く」としようとする者がいる。この「今」をどうしようというのだろうか。

凡夫《ぼんぷ》の有時《うじ》なるに一任《いちにん》すれば、菩提涅槃《ぼだいねはん》もわづかに去來《こらい》の相《そう》のみなる有時《うじ》なり。

誰もが「私」を忘れ「今」に任せてみれば、佛の悟りにも佛の死にもまたあらゆることにも、わずかな時の流れという様相に気づくものである。

おほよそ籮籠《らろう》とどまらず有時現成《うじげんじょう》なり。

いま右界《うかい》に現成《げんじよう》し左方《さほう》に現成《げんじよう》する天王天衆《てんのうてんしゆ》、
いまもわが盡力《じんりき》する有時《うじ》なり。

言葉というものはかごで水をすくうようなもので、本来も「今」もすくい取ることはできない。しかしながら「今」はここにある。今、右の世界、あるいは左の方におられる天人たちも、この本来の力によって「今」なのである。

その餘外《よげ》にある水陸《すいりく》の衆有時《しゆうじ》、
これわがいま盡力《じんりき》して現成《げんじよう》するなり。

そのほかのところにいる水中の生き物も、陸の生き物も、この本来の力によって「今」そこにいるのである。

冥陽《めいよう》に有時《うじ》なる諸類諸頭《しよるいしよとう》、

みなわが盡力《じんりき》現成《げんじょう》なり、盡力《じんりき》經歷《きょうりゃく》なり。

冥界にいる者も、この世にいる者も、この本来の力によって「今」そこにいるのである。

わがいま盡力《じんりき》經歷《きょうりゃく》にあらざれば、一法《いっぽう》一物《いちもつ》も現成《げんじょう》することなし、經歷《きょうりゃく》することなしと參學《さんがく》すべし。

この本来の力によってこそ、何もかもが「今」そこにいるということを学ぶべきなのである。

經歷《きょうりゃく》といふは、風雨《ふうう》の東西《とうざい》するがごとく學《がく》しきたるべからず。盡界《じんかい》は不動轉《ふどうてん》なるにあらず、不進退《ふしんたい》なるにあらず、經歷《きょうりゃく》なり。

「経歴」は年月が経過するということであるが、雨風が東から吹いたり西から吹いたりするようなことではない。この世界は変化しないものではないはずである。様々に変化しながら続いていくのが本来であろう。それをここでは「経歴」と呼ぶ。

經歴《きようりやく》は、たとへば春《はる》のごとし。春《はる》に許多般《こたはん》の様子《ようす》あり、これを經歴《きようりやく》といふ。外物《げもつ》なきに經歴《きようりやく》すると參學《さんがく》すべし。

「経歴」はたとえて言えば春のことである。春と言っても様々な様子がある。昨日の春と今日の春は違うだろう。去年の春と今年の春も違う。本来の春がいろいろな様子でやってくる。それをここでは「経歴」と言っているのだ。だから春は春の「経歴」なのである。春の「今」なのである。

たとへば、春《はる》の經歴《きようりやく》はかならず春《はる》を經歴《きようりやく》するなり。

たとえば春の「経歴」は春の時節到来である。春には春が来るのである。

經歴《きようりやく》は春《はる》にあらざれども、春《はる》の經歴《きようりやく》なるがゆゑに、經歴《きようりやく》いま春《はる》の時《とき》に成道《じようどう》せり。審細《しんさい》に參來參去《さんらいさんこ》すべし。

「経歴」は春だけのことではないけれど、春の「経歴」だからこそ、「経歴」が春となるのである。このことによくよく参じてみるべきである。

經歴《きようりやく》をいふに、境《きよう》は外頭《げとう》にして、

能經歴《のうきようりやく》の法《ほう》は東《ひがし》にむきて百千世界《ひやくせんせかい》をゆきすぎて、

百千劫《ひやくせんごう》をふるとおもふは、佛道《ぶつどう》の參學《さんがく》、

これのみを專一《せんいつ》にせざるなり。

「経歴」ということを言うときに、その「経歴」の様子とは関係なく、「経歴」するものが様々な世界を過ぎ、ずっと続いていくものだという考えには、佛道を修行する者は執着しない。これは「経歴」に意味を求める者の考えである。余計なことをするものではない。「経歴」とはあくまで「今」のことなのだ。

薬山《やくさん》弘道大師《こうどうだいし》、ちなみに無際大師《むさいだいし》の指示《しじ》によりて江西大寂禪師《こうせいだいじゃくぜんじ》に參問《さんもん》す、

薬山惟儼《やくさんいげん》禅師はその師である石頭希遷禅師の指示によって馬祖道一禅師に参じて問答をした。

三乗十二分教《さんじょうじゅうにぶんきょう》、某甲《それがし》ほぼその宗旨《しゅうし》をあきらむ。如何《いか》ならんか是《こ》れ祖師西來意《そしせいらいい》。

「私は佛教の様々な教えについてはほぼすべてを会得してきた。その中で達磨《だるま》大師が西からやってきて伝えたことのほんとうのところはなんでしょうか」。

かくのごとくとふに大寂禪師《だいじゃくぜんじ》いはく、

このように問うと、馬祖禅師は言った。

ある時《とき》は伊《かれ》をして眉《まゆ》を揚《あ》げ目《め》を瞬《まじろ》がしむ、

ある時《とき》は伊《かれ》をして眉《まゆ》を揚《あ》げ目《め》を瞬《まじろ》がしめず。

「あるときは迦葉《かしょう》尊者に対して眉を揚げ目を瞬かせよう、またあるときは迦葉尊者に対して眉を揚げ目を瞬かせない」。

ある時《とき》は伊《かれ》をして眉《まゆ》を揚《あ》げ目《め》を瞬《まじろ》がしむる者是《ものぜ》、

ある時《とき》は伊《かれ》をして眉《まゆ》を揚《あ》げ目《め》をがしむる者不是《ものふぜ》なり。

「あるときは迦葉尊者に対して眉を揚げ目を瞬かせるなら良しとしよう、またあるときは迦葉尊者に対して眉を揚げ目を瞬かせるなら良しとはしない」。

薬山《やくさん》ききて大悟《だいご》し、大寂《だいじゃく》にまうす、某甲《それがし》かつて

石頭《せきとう》にありし、蚊子《ぶんす》の鐵牛《てつぎゅう》にのぼれるがごとし。

薬山禅師はこれを聴いて悟りを開いた。そして馬祖禅師に言った。「私がかつて石頭禅師のもとで修行していたときには、蚊が鉄の牛に挑むようなことであった」と。とても歯が立つようなことではなかったということだ。

大寂《だいじゃく》の道取《どうしゅ》するところ、餘者《よしゃ》とおなじからず。眉目《びもく》は山海《さんかい》なるべし、山海《さんかい》は眉目《びもく》なるゆゑに。

馬祖禅師の言われるところは、他の禅師が言われているようなことではなかった。要するに迦葉尊者の眉と目は実は山と海のことであったのだ。山や海は迦葉尊者の眉と目なのだから。薬山禅師は、迦葉尊者が受けとめた正法眼蔵とは山が山であること、海が海であること、本来そのもののことを言っていることに気づくのである。

その教伊揚《きょういよう》は山《やま》をみるべし、その教伊瞬《きょういしゅん》は海《うみ》を宗《しゅう》すべし。是《ぜ》は伊《い》に慣習《かんじゅう》せり、伊《い》は教《きょう》に誘引《ゆういん》せらる。

だから迦葉尊者の眉を揚げさせたおおもとを見ようというなら、山を見ればよいのである。目を瞬かせたおおもとは海に帰すのである。そのものがそのものに帰すのはそのものの本来である。本来を目の当たりにして、迦葉尊者は眉を揚げ目を瞬かせるしかないのだ。

不是《ふぜ》は不教伊《ふきょうい》にあらず、不教伊《ふきょうい》は不是《ふぜ》にあらず、これらともに有時《うじ》なり。

私たちは是と言い、あるいは不是と言う。本来において是も不是もない。あえて言うなら是そのものがあるだけである。是は否定しようもないことなのである。だから不是と言っても迦葉尊者に眉を揚げさせないということではないし、迦葉尊者が眉を揚げなかったからといってそれが不是なのではない。迦葉尊者が眉を揚げるときがあり、眉を揚げないときもあるということでしかない。

山《やま》も時《とき》なり、海《うみ》も時《とき》なり。時《とき》にあらざれば山海《さんかい》あるべからず、山海《さんかい》の而今《じこん》に時《とき》あらずとすべからず。

だから山が山であるというその時、「今」があり、海が海であるというその時、「今」があるだけである。何ものも、「今」、本来のないことはあり得ない。山や海の「今」に山や海のその時があるとも言える。

時《とき》もし壊《え》すれば山海《さんかい》も壊《え》す、

時《とき》もし不壊《ふえ》なれば山海《さんかい》も不壊《ふえ》なり。

あり得ないことだが、「今」がなくなれば山や海もなくなってしまう。「今」がなくなることなどないのだから、山や海もなくなることはない。

この道理《どうり》に、明星出現《みょうじょうしゅつげん》す、如來出現《にょらいしゅつげん》す、眼睛出現《がんぜいしゅつげん》す、拈花出現《ねんげしゅつげん》す。これ時《とき》なり。時《とき》にあらざれば不恁麼《ふいんも》なり。

このような「今」ということの道理があって、釋尊は明けの明星を見て悟りを開かれたのである。本来「今」を見抜く眼がそこに出現したのである。後に迦葉尊者に伝える拈花の法が出現したのである。まさに「今」だからこそのことである。

「今」ということ、本来ということに気づかなければ、釋尊でさえそのような悟りはなかったのだ。

葉縣《せっけん》の歸省禪師《きせいぜんじ》は臨濟《りんざい》の法孫《ほうそん》なり、首山《しゅざん》の嫡嗣《ちゃくし》なり。

あるとき大衆《だいしゅ》にしめしていはく、

葉県の帰省禅師は臨済禅師の弟子筋にあたり、首山禅師の弟子である。あるとき修行僧に対して言った。

有《あ》る時《とき》は意《い》到《いた》りて句《く》到《いた》らず、

有《あ》る時《とき》は句《く》到《いた》りて意《い》到《いた》らず。

「あるときは意が届いても言葉が届かない、またあるときは言葉が届いても意が届かない」。

有《あ》る時《とき》は意句《いく》兩《ふた》つ倶《とも》に到《いた》る、有《あ》る時《とき》は意句《いく》倶《とも》に到《いた》らず。

「そしてあるときは意も言葉も両方届き、あるときは意も言葉も両方届かない」。

意句《いく》ともに有時《うじ》なり、到不到《とうふとう》ともに有時《うじ》なり。
到時未了《とうじみりょう》なりといへども不到時來《ふとうじらい》なり。

ここで帰省禅師の言う意も句も結局は「今」のことである。到も不到も「今」のことなのだ。だから「届く」ことがまだすんでいないのに、「届かない」ということがもうやってきてしまっているような「今」なのだ。霊雲禅師が佛法の大意を問われて、「驢事《ろじ》未だ去らず、馬事《ばじ》到来なり」と言った。驢馬のことがまだ終わっていないのに馬がやってきてしまったということである。ほんとうの「今」を見てみれば、すんでしまったこともまだすんでないこともあるなかの「今」なのであろう。

意《い》は驢《ろ》なり、句《く》は馬《うま》なり。馬《うま》を句《く》とし、驢《ろ》を意《い》とせり。

そのように意は驢馬にたとえてみよう。だから句は馬だ。驢馬も馬も来ないとき、ともに来るとき、どちらかが来るときもある。「今」とはそのようなものであろう。

到《とう》それ來《らい》にあらず、不到《ふとう》これ未《み》にあらず。
有時《うじ》かくのごとくなり。

意も句も「今」だ。到も不到も「今」である。だから到も「何かが来た」ということではないし、不到も「まだ何かが来ない」という意味に堕することはない。「今」ということはそういうことだ。

到《とう》は到《とう》に罣礙《けいげ》せられて不到《ふとう》に罣礙《けいげ》せられず。
不到《ふとう》は不到《ふとう》に罣礙《けいげ》せられて到《とう》に罣礙《けいげ》せられず。

本来の「到」は言葉の上だけでの否定である不到という言葉には左右されないが、「到」の言葉としての意味によって見失われてしまう。本来の「不到」も同じことである。意味が本来を邪魔するのだ。意味が「今」を邪魔するのだ。

意《い》は意《い》をさへ、意《い》をみる。句《く》は句《く》をさへ、句《く》をみる。

礙《げ》は礙《げ》をさへ、礙《げ》をみる。

礙《げ》は礙《げ》を礙《げ》するなり、これ時《とき》なり。

言葉の意味が本来の「意」を邪魔し、言葉の意味にとらわれてしまう。言葉が本来の「句」を邪魔し、言葉にとらわれてしまう。邪魔者が本来の「今」を邪魔し、邪魔者にとらわれてしまう。邪魔者が邪魔者を邪魔しているのだ。それも「今」であることに違いはない。

礙《げ》は他法《たほう》に使得《しとく》せらるるといへども、

他法《たほう》を礙《げ》する礙《げ》いまだあらざるなり。

邪魔者といってもこの「今」にある。この佛法にある。この「今」、この佛法を邪魔する邪魔者などはいない。

我逢人《がふにん》なり、人逢人《にんふにん》なり、我逢我《がふが》なり、出逢出《しゆつふしゆつ》なり。

これらもし時《とき》をえざるには、恁麼《いんも》ならざるなり。

慧然《えねん》禅師は「我、人に逢えば即ち出づ、出づれば則ち人の為にせず」と言った。この慧然禅師の「我、人に逢う」ということである。その「今」である。その人がその人に逢うのである。私が私に逢うのだ。「出る」が「出る」に出会うのである。そのようなことでないなら、かくのごとき「今」はない。

又《また》、意《い》は現成公案《げんじょうこうあん》の時《とき》なり、句《く》は向上關棙《こうじょうかんれい》の時《とき》なり。到《とう》は脱體《だつたい》の時《とき》なり、不到《ふとう》は即此離此《そくしりし》の時《とき》なり。かくのごとく辨肯《べんこう》すべし、有時《うじ》すべし。

ほんとうの「意」とは「今」のことである。ほんとうの「句」とは悟りをもたらす鍵である。ほんとうの「到」とは悟りのことである。ほんとうの「不到」は「今」の中で「今」を離れるのである。このように「今」を修行するのだ。

向來《こうらい》の尊宿《そんしゆく》ともに恁麼《いんも》いふとも、さらに道取《どうしゆ》すべきところなからんや。いふべし、

今までの禅師はそのように言ってきたが、さらに言うべきところはあるだろうか。とりあえず言ってみよう。

意《い》句《く》半《はん》到《とう》也《や》有《う》時《じ》、意《い》句《く》半《はん》不《ふ》到《とう》也《や》有《う》時《じ》。かくのごとく參究《さんきゆう》あるべきなり。

意も句も半分「到」も「今」である。意も句も半分「不到」だって「今」である。そのように参究してみなさい。

教《きよう》伊《い》揚《よう》眉《び》瞬《しゆん》目《もく》也《や》半《はん》有《う》時《じ》、

または迦葉尊者に眉を揚げ目を瞬かせるのは、半分「今」である。

教《きよう》伊《い》揚《よう》眉《び》瞬《しゆん》目《もく》也《や》錯《さく》有《う》時《じ》、

または迦葉尊者に眉を揚げ目を瞬かせるのは、誤った「今」である。

不《ふ》教《きよう》伊《い》揚《よう》眉《び》瞬《しゆん》目《もく》也《や》錯《さく》錯《さく》有《う》時《じ》。

または迦葉尊者に眉を揚げ目を瞬かせるのは、誤りに誤りを重ねた「今」である。

恁《いん》麼《も》のごとく參《さん》來《らい》參《さん》去《こ》、參《さん》到《とう》參《さん》不《ふ》到《とう》する、有《う》時《じ》の時《とき》なり。

このように修行する。そして「到」「不到」する。それが「今」である。

徳山と婆子（心不可得より）

徳山宣鑑《とくさんせんかん》禅師はもともと周金剛王《しゅうこんごうおう》と自称し金剛般若経《こんごうはんにゃきょう》をすべて明らかにしたということだった。あるとき南方に経典、書物によらない教外別伝の佛法があると聞いて、噴飯やるかたなく、経典、書物を携えてはるばる南方へ向かった。やがて龍潭崇信《りゅうたんそうしん》禅師のもとにたどりついた。龍潭のところへ乗り込もうとする途中で休息しようとした。

そのとき老婆がやってきたので徳山は問うた。「あなたは何をしているのですか」。

老婆は答える。「私は餅を売っています」。

徳山は言う。「私に餅を売ってくれないか」。

老婆は訊く。「和尚さん、餅を買ってどうするのですか」。

徳山は答える。「餅を買って点心《てんじん》(昼食、心を点ずると読める)にする」。

老婆は訊く。「和尚さん、そこに携えているのは何ですか」。

徳山は答える。「あなたは聞いたことがないのか、私は周金剛王と呼ばれるほど金剛般若経に通じている者だ。ここに携えているのは金剛般若経の解説書だ」。

老婆は訊く。「それではお訊きしたいことがあります。よろしいでしょうか」。

徳山は言う。「よろしいもなにも、何でも尋ねてみなさい」。

老婆は言った。「私はかつて金剛般若経の中に「過去心不可得、現在心不可得、未来心不可得」という語句があると聞きました。和尚さんは過去心、現在心、未来心のどの心で餅を点ずるのでしょうか。答えてくれたら餅を売りましょう。答えてくれなければ餅は売りません」。

徳山はその問いに茫然として答えることができなかった。老婆は袖を払って餅を売らずに去ってしまった。

徳山は永年積み重ねた金剛般若経の研究が、老婆の一問によって打ち砕かれたことを知る。正師に会い、正法を聴くということがこういうことであったのかと思うのであった。

この後、徳山宣鑑禅師は龍潭崇信禅師のもとで一から修行を始め、正法を受け継ぐこととなった。

現在も一瞬のうちに過去となる。「今」とは「過去心」なのか、「現在心」なのか、「未来心」なのか。

諸悪莫作の巻

坐禅においては善悪を取り上げることはない。しかしながら昔から「諸悪莫作《しょあくまくさ》、衆善奉行《しゅぜんぶぎょう》、自浄其意《じじょうごい》、是諸佛教《ぜしょぶつきょう》」ということが佛教の中で言われている。通常は「諸の悪を作すことなかれ、衆の善を奉行すべし、自ら其の意を浄める、これが諸の佛の教えである」となる。しかし悪とは何か、善とは何かを少し考えてみれば、それが一筋縄ではいかないことに気づく。善悪を考え始めるときに必ずもたげてくるものがある。「私」という主観だ。

坐禅は、あるいは佛教は、「私」という主観から離れることではなかったか。本来のことは、「私」という主観とは関係なく今ここにあるのではないか。「私」という主観から離れるとき、佛教の中で昔から言われているこの語句をどうするのかが、ここでは問われているのである。

【正法眼藏 諸惡莫作】

古佛《こぶつ》云《いわく》、諸惡《しょあく》莫作《まくさ》、衆善《しゅぜん》奉行《ぶぎょう》、自淨《じじょう》其意《ごい》、是諸佛教《ぜしょぶつきょう》。

昔から「諸悪莫作、衆善奉行、自浄其意、是諸佛教」ということが言われている。ふつうには「諸の悪を作すことなかれ、衆の善を奉行すべし、自ら其の意を浄める、これが諸の佛の教えである」と読める。しかしながら佛教においては、善悪というものがどこから出てきたのか、何が善悪の基準となるのかを問う必要があるのだ。

これ七佛《しちぶつ》祖宗《そしゅう》の通戒《つうかい》として、前佛《ぜんぶつ》より後佛《ごぶつ》に正傳《しょうでん》す、後佛《ごぶつ》は前佛《ぜんぶつ》に相嗣《そうし》せり。

七佛というのは釋尊以前の佛のことである。ということは釋尊が言い出した戒めではないということになる。釋尊以前、七佛からの戒めであるとして諸佛が弟子それぞれに伝えてきたということなのだ。

ただ七佛《しちぶつ》のみにあらず、是諸佛教《ぜしょぶつきょう》なり。

この道理《どうり》を功夫參究《くふうさんきゅう》すべし。

釋尊以前というだけではなく、善悪には踏み込まないはずの佛教において、「諸悪莫作、衆善奉行、自浄其意、是諸佛教」ということが確かに伝わってきている。そしてそのことこそが佛教なのだという筋道、道理を、それぞれがそれぞれの坐禅の功夫において參究すべきなのである。

いはゆる七佛《しちぶつ》の法道《ほうどう》、かならず七佛《しちぶつ》の法道《ほうどう》のごとし。

釋尊以前からの戒めとしての「諸悪莫作、衆善奉行、自浄其意、是諸佛教」という言葉は、まさにそれ以上でも以下でもない。

相傳相嗣《そうでんそうし》、なほ箇裡《こり》の通消息《つうしょうそく》なり。

すでに是諸佛教《ぜしょぶつきょう》なり、百千萬佛《ひゃくせんまんぶつ》の教行證《きょうぎょうしょう》なり。

「諸悪莫作、衆善奉行、自浄其意、是諸佛教」の中に伝わってきたものは、この「今」の消息であり、そのことこそが釋尊の教えであり、悟りを開かれた佛の教えるところ、修行のところ、証明されたことなのである。

いまいふところの諸悪者《しょあくは》、善性悪性無記性《ぜんしょうあくしょうむきしょう》のなかに悪性《あくしょう》あり。その性《しょう》これ無生《むしょう》なり。

ここで言う諸悪は、世の中に「善」と「悪」と「どちらでもないもの」があるなかでの「悪」ということである。しかしながら本来「悪」というのは、そのときによって生じたり滅したりするものではない。ただ何でもないこの「今」を「私」が悪とするのである。「私」が悪を生じたり滅したりするものとするのである。

善性無記性等《ぜんしょうむきしょうとう》もまた無生《むしょう》なり、無漏《むろう》なり、實相《じっそう》なりといふとも、この三性《さんしょう》の箇裡《こり》に、許多般《こたはん》の法《ほう》あり。

「善」も「どちらでもないもの」も同じことである。時によって生じたり滅したりするものではない。何でもない「今」のことであるが、この「善」と「悪」と「どちらでもないもの」には、また「私」の判断した様々な様相が付随しているのである。

諸悪《しょあく》は、此界《しかい》の悪《あく》と他界《たかい》の悪《あく》と同不同《どうふどう》あり、先時《せんじ》と後時《こうじ》と同不同《どうふどう》あり、天上《てんじょう》の悪《あく》と人間《じんかん》の悪《あく》と同不同《どうふどう》なり。

「悪」ということで言えば、この世の悪とあの世の悪は同じだったり、違っていたりする。時間の流れにおいても後と先で悪は異なる。天上界と人間界でも違ったりするだろう。

いはんや佛道《ぶつどう》と世間《せけん》と、道悪道善道無記《どうあくどうぜんどうむき》、

はるかに殊異《ことなる》あり。

まして佛の教えと世間の考えでは、「善」と「悪」と「どちらでもないもの」は、はるかに異なったものとなるであろう。

善悪《ぜんあく》は時《とき》なり、時《とき》は善悪《ぜんあく》にあらず。

善悪《ぜんあく》は法《ほう》なり、法《ほう》は善悪《ぜんあく》にあらず。

「善悪」は時によることであるが、時が「善」であったり「悪」であったりするのではない。「善悪」はこの世の様々なもののことではあるが、この世の様々なもの自体が「善」であったり「悪」であったりするのではない。

法等悪等《ほうとうあくとう》なり、法等善等《ほうとうぜんとう》なり。

この世の様々なものはもともと何でもないのだから、「悪」も何でもないのだ。この世の様々なものはもともと何でもないのだから、「善」においても何でもないのだ。何でもない「今」がここにあるだけである。

しかあるに、阿耨多羅三藐三菩提《あのくたらさんみやくさんぼだい》を學《がく》するに、聞教《もんきょう》し、修行《しゅぎょう》し、證果《しょうか》するに、深《しん》なり、遠《えん》なり、妙《みょう》なり。

そのような「今」の中で悟りを学ぼうとするとき、教えを聴き、修行し、証明するのはまさに深く、遠く、そして実に微妙なことなのである。

この無上菩提《むじょうぼだい》を或従知識《わくじゅうちしき》してきき、經卷《きょうかん》してきく。はじめは、諸惡莫作《しょあくまくさ》ときこゆるなり。

この悟りの修行のことを祖師方から聴き、経巻によって聴くだろう。そのとき「諸悪莫作」「諸悪を作すことなかれ」と聞こえてくるのだ。

諸惡莫作《しょあくまくさ》ときこえざるは、佛正法《ぶつしょうほう》にあらず、魔說《ませつ》なるべし。

「諸悪莫作」「諸悪を作すことなかれ」と聞こえないのであれば、それは佛の教えではない。佛教以外の説である。

しるべし、諸悪莫作《しょあくまくさ》ときこゆる、これ佛正法《ぶつしょうほう》なり。

それが聞こえてこなければ、「悪いことをしてもよいのですか」というような輩が必ず出てくる。そのような輩のためにも善悪にこだわらないとはいえ、「諸悪莫作」「諸悪を作すことなかれ」と聞こえるのだ。

この諸悪《しょあく》つくることなかれといふ、凡夫《ぼんぷ》のはじめて造作《ぞうさく》してかくのごとくあらしむるにあらず。

このように文字通り読むと「諸悪を作すことなかれ」となるが、一般の人々に強制しようとして言っているのではない。佛の教えに強制などはもとよりない。

菩提《ぼだい》の説《せつ》となれるを聞教《もんきょう》するに、しかのごとく

きこゆるなり。しかのごとくきこゆるは、

無上菩提《むじようぼだい》のことばにてある道著《どうちやく》なり。

佛の説法を聴いているときに、そのように聞こえるものなのである。そのように聞こえるのが、佛の説法であることの証明でもあるのだ。

すでに菩提語《ぼだいご》なり、ゆゑに語菩提《ごぼだい》なり。

「諸悪莫作」の言葉は、ここではもうすでに悟りの言葉なのである。この「諸悪莫作」自体が悟りなのである。悟りの言葉には禁止も寛容もない。

無上菩提《むじようぼだい》の説著《せつちやく》となりて聞著《もんちやく》せらるるに轉《てん》ぜられて、

諸悪莫作《しよあくまくさ》とねがひ、諸悪莫作《しよあくまくさ》とおこなひもてゆく。

佛の説法となり、それが弟子たちに聴かれ修行され証明されていくなかに、「諸悪莫作」と願い功夫し、「諸悪莫作」と修行していくのである。

諸悪《しょあく》すでにつくられずなりゆくところに、修行力《しゅぎょうりき》たちまちに現成《げんじょう》す。

その修行において「諸悪」など作りようがないところに、真の修行の力が現れるのである。

この現成《げんじょう》は、盡地盡界《じんちじんかい》、盡時盡法《じんじじんほう》を量《りょう》として現成《げんじょう》するなり。その量《りょう》は、莫作《まくさ》を量《りょう》とせり。

この修行力の現成は、一時のものではなく、一人のものでもなく、この場所のものでもない、あらゆる時、あらゆる人、あらゆる世界という量なのである。その量は、「作すことなかれ」という部分の量ではなく、「作すことなし」という部分の量でもなく、そのどちらをも超え、「今」という意味をも超えた「莫作」の量なのである。

正當恁麼時《しょうとういんもじ》の正當恁麼人《しょうとういんもにん》は、諸悪《しょあく》つくりぬべきところに住《じゅう》し往來《おうらい》し、諸悪《しょあく》つくりぬべき縁《えん》に對《たい》し、諸悪《しょあく》つくる友《とも》にまじはるににたりといへども、諸悪《しょあく》さらにつくられざるなり。

このまさに「今」の本来の「私」というのは、諸悪をなしてしまうようなところにいて、諸悪をなしてしまうような縁があって、諸悪をなしてしまうような友と交流があるようなものであるが、そのようななかでも諸悪は作られるはずもない。

莫作《まくさ》の力量見成《りきりょうげんじょう》するゆゑに。

それが「莫作」という本来の力なのである。

諸悪《しょあく》みづから諸悪《しょあく》と道著《どうちゃく》せず、諸悪《しょあく》にさだまれる調度《ちょうど》なきなり。一拈一放《いちねんいっぽう》の道理《どうり》あり。

「悪」は自分から「悪」などとは言わないだろう。「悪」には、これこそ「悪」であるという決まった様子はない。あるときはひとつの様相を呈するが、あるときはその様相に縛られることはない。

正當恁麼時《しょうとういんもじ》、すなはち悪《あく》の人《にん》をかさざる道理《どうり》しられ、人《にん》の悪《あく》をやぶらざる道理《どうり》あきらめらる。

この本来の「今」というとき、概念にすぎない「悪」が人を犯しようがないということを知り、人が「悪」という概念をどうすることもできないことを知るべきなのだ。

みづからが心《しん》を擧《こ》して修行《しゅぎょう》せしむ、身《しん》を擧《こ》して修行《しゅぎょう》せしむるに、機先《きせん》の八九成《はっくじょう》あり、脳後《のうご》の莫作《まくさ》あり。

それぞれが、「今」の心をもって修行し、「今」の身体をもって修行するときにも、修行する以前にほとんど成就しているのであり、考える以前に「莫作」という「今」のまっただ中にいるのである。

なんぢが心身《しんじん》を拈來《ねんらい》して修行《しゅぎょう》し、たれの身心《しんじん》を拈來《ねんらい》して修行《しゅぎょう》するに、四大五蘊《しだいごうん》にて修行《しゅぎょう》するちから驀地《ばくち》に見成《げんじょう》するに、四大五蘊《しだいごうん》の自己《じこ》を染汚《ぜんな》せず、今日《こんにち》の四大五蘊《しだいごうん》までも修行《しゅぎょう》せられもてゆく。

誰もが身心をなげうって修行するときに、この四大という地水火風のこの世界の中、五蘊という色受想行識の感覚や思念の働きの中に修行の力がまっしぐらに現れてくる。しかし四大五蘊がその人を変えたのではなく、その人と四大五蘊がひとつになってほんとうの「今」の修行となったのだ。

如今《にょこん》の修行《しゅぎょう》なる四大五蘊《しだいごうん》のちから、
上項《じょうこう》の四大五蘊《しだいごうん》を修行《しゅぎょう》ならしむるなり。

そしてまさに「今」の修行の四大五蘊の力が、過去の四大五蘊をほんとうの修行たらしめているのである。

山河大地《せんがだいち》、日月星辰《にちげつせいしん》にも修行《しゅぎょう》せしむるに、山河大地《せんがだいち》、
日月星辰《にちげつせいしん》、かへりてわれらを修行《しゅぎょう》せしむるなり。

それは四大五蘊の内にある山河大地、日月星辰までをも修行たらしめていることになるのだが、山河大地、日月星辰が私たちに修行させているとも言えるのである。私の修行が山河大地となり、山河大地が私の修行となるのだ。釋尊が言われた「大地有情とともに成道す」なのである。

一時《いちじ》の眼睛《がんぜい》にあらず、諸時《しょじ》の活眼《かつがん》なり。

それは一時の様子、状態なのではない。いつも常に私たちが持っている活きた悟りの眼なのである。一時の様子、状態を求める者も多くいるが、そのときだけが本来というのだろうか。そんなことはあり得ない。本来というのは一時のことではないのだ。

眼睛《がんぜい》の活眼《かつがん》にてある諸時《しょじ》なるがゆゑに、
諸佛諸祖《しょぶつしょそ》をして修行《しゅぎょう》せしむ、聞教《もんきょう》せしむ、證果《しょうか》せしむ。

本来ということを見抜く活きた眼を持っている「今」だからこそ、悟りを開かれた佛祖もその「今」に修行させられていくのである。教えを聴かれ、証明されるのである。

諸佛諸祖《しょぶつしょそ》、かつて教行證《きょうぎょうしょう》を
染汚《ぜんな》せしむることなきがゆゑに、

教行證《きょうぎょうしょう》いまだ諸佛諸祖《しょぶつしょそ》を罣礙《けいげ》することなし。

佛祖方は本来の「今」を教え、行じ、證するのだから間違うはずはない。本来の「今」を教え、行じ、證するのだから、そのことが佛祖方を傷つけることもない。

このゆゑに佛祖《ぶつそ》をして修行《しゅぎょう》せしむるに、

過現當《かげんとう》の機先機後《きせんきご》に廻避《かいひ》する諸佛諸祖《しょぶつしょそ》なし。

だから佛祖が修行するとき、過去においても、現在においても、あるいは未来においても「今」を避けようとすることなどできるはずもない。

衆生作佛作祖《しゅじょうさぶつさそ》の時節《じせつ》、ひごろ所有《しょう》の佛祖《ぶつそ》を

罣礙《けいげ》せずといへども、作佛祖《さぶつそ》する道理《どうり》を、

十二時中《じゅうにじちゅう》の行住坐臥《ぎょうじゅうざが》に、つらつら思量《しりょう》すべきなり。

人が修行して悟りを開こうとするとき、いつも教えを請うている佛祖を煩わさないまでも、四六時の行住坐臥に佛祖となる筋道をよくよく考えてみるべきである。佛祖はなにゆえ佛祖なのか。衆生はなにゆえ衆生のままなのかと。

作佛祖《さぶつそ》するに衆生《しゆじよう》をやぶらず、うばはず、うしなふにあらず。

佛祖となる、悟りを開くということは、その人がその人でなくなるのではない。まさにその人がその人になるのだ。本来のことに気づくのである。

しかあれども脱落《だつらく》しきたれるなり。

しかしながら、その「今」を脱落するのである。ほんとうは何を脱落すべきなのかよくよく考えてみるのである。

善悪因果《ぜんあくいんが》をして修行《しゆぎよう》せしむ。

いはゆる因果《いんが》を動《どう》ずるにあらず、造作《ぞうさく》するにあらず。

良いこともあり悪いこともあり、そういう中に「今」の修行がある。良いこと悪いことを評価したり否定したりするのではない。何でもない「今」に、「今」の修行があるのだ。

因果《いんが》、あるときはわれらをして修行《しゅぎょう》せしむるなり。

良いこと悪いこと様々な経緯が修行の力となるのは間違いのないことである。その本来の「今」こそがその人の修行の場なのである。

この因果《いんが》の本來面目《ほんらいめんもく》すでに分明《ふんみょう》なる、これ莫作《まくさ》なり。

この本来の「今」の修行、この誰にも明らかな「今」の修行、これが「諸悪莫作」の「莫作」なのである。ここには「なすことなかれ」も「なすことなし」もない。ただ「莫作」なのである。ここには意味もない、どうするこうするもない。まさに「莫作」なのである。

無生《むしょう》なり、無常《むじょう》なり、不昧《ふまい》なり、不落《ふらく》なり。
脱落《だつらく》なるがゆゑに。

それは「今」に生じたものではない。常のものでもない。良いこと悪いこと、原因結果に左右されるものでもない。それこそが脱落なのである。

かくのごとく參究《さんきゆう》するに、
諸悪《しょあく》は一條《いちじょう》にかつて莫作《まくさ》なりけると現成《げんじょう》するなり。

このように「諸悪莫作」に参じてみると、「諸悪」はもうすでに明白に「莫作」として現れているのである。

この現成《げんじょう》に助發《じょほっ》せられて、
諸悪《しょあく》莫作《まくさ》なりと見得徹《けんとくてっ》し、坐得斷《ざとくだん》するなり。

この明白な「莫作」の「今」に後押しされて、「諸悪」は「莫作」ということに徹し、ただ端坐して「莫作」の意味を断ずるのである。

正當恁麼《しょうどういんも》のとき、初中後《しょちゅうご》、諸惡莫作《しょあくまくさ》にて現成《げんじょう》するに、諸惡《しょあく》は因縁生《いんねんしょう》にあらず、ただ莫作《まくさ》なるのみなり。諸惡《しょあく》は因縁滅《いんねんめつ》にあらず、ただ莫作《まくさ》なるのみなり。

まさにこの「今」というのは、四六時中「諸悪莫作」なのだから、「諸悪」は何か縁があって起こったものではない。それはただ「莫作」なのだ。そして「諸悪」は何かの縁でなくなるものでもない。それはただただ「莫作」なのである。

諸惡《しょあく》もし等《とう》なれば諸法《しょほう》も等《とう》なり。

「諸悪」という「今」が誰にも平等にあるということなのだから、すべてのことが誰にも平等にあるということであろう。誰もが「諸悪」であり「諸法」なのである。

諸悪《しょあく》は因縁生《いんねんしょう》としりて、この因縁《いんねん》のおのれと莫作《まくさ》なるをみざるは、あはれむべきともがらなり。

「諸悪」が何かの縁によって起こるものと判断して、この本来の「今」、「莫作」のところに気づかないのは、憐れむべき輩である。

佛種従縁起《ぶつしゅじゅうえんぎ》なれば縁従佛種起《えんじゅうぶつしゅき》なり。

佛となることが何か縁によって起こるというならば、その縁は佛となることによってあるのだ。どちらが後、どちらが先ということではなく「今」という同時の時なのである。

諸悪《しょあく》なきにあらず、莫作《まくさ》なるのみなり。

「諸悪」はないということではない。ただ「莫作」なのである。

諸悪《しょあく》あるにあらず、莫作《まくさ》なるのみなり。

諸悪《しょあく》は空《くう》にあらず、莫作《まくさ》なり。

「諸悪」はあるということでもない。ただ「莫作」なのである。

諸悪《しょあく》は色《しき》にあらず、莫作《まくさ》なり。

「諸悪」は「空」でもない。ただ「莫作」なのである。

諸悪《しょあく》は莫作《まくさ》にあらず、莫作《まくさ》なるのみなり。

「諸悪」は「色」でもない。ただ「莫作」なのである。

たとへば、春松《しゅんしょう》は無《む》にあらず有《う》にあらず、つくらざるなり。

「諸悪」は「莫作」でもない。ただ「莫作」なのである。

たとえば春の松は春の松としてそこにある。それだけのことだ。私たちがあるとしようが、ないとしようがそこにある。それが「莫作」なのである。

秋菊《しゆうぎく》は有《う》にあらず無《む》にあらず、つくらざるなり。

秋の菊も、秋の菊としてそこにある。それだけのことだ。私たちがあるとしようが、ないとしようがそこにある。それが「莫作」なのである。

諸佛《しよぶつ》は有《う》にあらず無《む》にあらず、莫作《まくさ》なり。

諸佛も、諸佛としてそこにある。それだけのことだ。私たちがあるとしようが、ないとしようがそこにある。それが「莫作」なのである。

露柱燈籠《ろちゆうとうろう》、拂子拄杖等《ほつすしゆじようとう》、

有《う》にあらず、無《む》にあらず、莫作《まくさ》なり。

本堂の丸い柱も燈籠も、丸い柱、燈籠として、そこにある。拂子も拂子として、杖も杖として、そこにある。それだけのことだ。私たちがあるとしようが、ないとしようがそこにある。それが「莫作」なのである。

自己《じこ》は有《う》にあらず無《む》にあらず、莫作《まくさ》なり。

自分自身も、自分自身としてそこにある。それだけのことだ。私たちがあるとしようが、ないとしようがそこにある。それが「莫作」なのである。

恁麼《いんも》の參學《さんがく》は、見成《げんじょう》せる公案《こうあん》なり、公案《こうあん》の見成《げんじょう》なり。主《しゅ》より功夫《くふう》し、賓《ひん》より功夫《くふう》す。

このように学ぶことは、まさに本来そのものが今ここに現れているのであり、「今」という答えそのものなのである。このことを古来師匠の側からも試行錯誤、功夫し、弟子の側からも試行錯誤、功夫してきたのである。

すでに恁麼《いんも》なるに、つくられざりけるをつくりけるとくやしむも、のがれず、さらにこれ莫作《まくさ》の功夫力《くふうりき》なり。

すでにこのようなことであるのに、作りようのないことを作ってしまったとくやしんでみるのもよいが、まさにくやしんでいるそのときも「今」から逃れることができないことが、「莫作」の力なのである。

しかあれば、莫作《まくさ》にあらばつくらましと趣向《しゅこう》するは、あゆみをきたにして越《えつ》にいたらんとまたんがごとし。

だからといってすでに「莫作」なのだから、悪など作られるはずもないとしてしまうのは、北に向かって南の国にたどり着こうとするようなものである。決して「今」の「莫作」にたどり着くことなどない。

諸悪莫作《しょあくまくさ》は、井《い》の驢《ろ》をみるのみにあらず、井《い》の井《い》をみるなり。驢《ろ》の驢《ろ》をみるなり、人《にん》の人《にん》をみるなり、山《せん》の山《せん》をみるなり。

だから「諸悪莫作」というのは驢馬（主語・私）が井戸（客体）を探ることではないが、

曹山本寂《そうざんほんじゃく》禅師が言うように井戸が驢馬を探る、ということでもない。井戸が井戸を見るのである。驢馬が驢馬を見るのである。人が人を見、山が山を見るのだ。そのものがそのものにもうすでに出会っているのである。

説箇《せっこ》の應底道理《おうていどうり》あるゆゑに、諸悪莫作《しょあくまくさ》なり。

このように説かれた本来に即応する筋道があるからこそ、本来とは「諸悪莫作」のことなのである。

佛《ほとけ》の眞法身《しんほっしん》は、猶《なお》し虚空《こくう》のごとし、物《もの》に應《おう》じて形《かたち》を現《あら》はすこと、水中《すいちゅう》の月《つき》の如《ごと》しなり。

佛のほんとうの姿というのは虚空のようなものである。あるようでない。時節、事柄に応じて姿を現すのは、水に映る月のようなものだ。海であろうが川であろうがあるいは水滴にも月は映る。本来ということもそういうことである。かならず「今」という本来のまっただ中なのである。

應物《おうぶつ》の莫作《まくさ》なるゆゑに、現形《げんぎょう》の莫作《まくさ》あり、猶若虚空《ゆうじゃくこくう》、左拍右拍《さはくうはく》なり。水中《すいちゅう》の月《つき》の如《ごと》く、水月《すいげつ》に礙《さ》へらるなり。

時節、事柄に応じた姿の「莫作」であるからこそ、「今」に現れた「莫作」なのだ。まさに虚空のごとく左に行ったり右に行ったり、ほんとうの月が揺れていないのに水に映った月がゆらゆらするようなものである。私たちは水中の月を見て本来の月を見ないように、本来をそこに現れた姿として見ているだけなのである。

これらの莫作《まくさ》、さらにうたがふべからざる現成《げんじょう》なり。

この本来の「莫作」の現成は疑う余地のないものである。それはまさに本来の「莫作」なのだから。

衆善奉行《しゅぜんぶぎょう》。この衆善《しゅぜん》は、三性《さんしょう》のなかの善性《ぜんしょう》なり。

「衆善奉行」というが、この「衆善」というのは、「善」と「悪」と「どちらでもないもの」があるなかでの「善」ということである。

善性《ぜんしょう》のなかに衆善《しゅぜん》ありといへども、
さきより現成《げんじょう》して行人《ぎょうにん》をまつ衆善《しゅぜん》いまだあらず。
作善《さぜん》の正當恁麼時《しょうとういんもじ》、きたらざる衆善《しゅぜん》なし。

「善」といってもいろいろな「善」があるだろうが、もともと「善」というものがあって修行者を待ちかまえる「善」などはないであろう。そして「善」をなそうとするまさにそのとき、どこからかやってくるという「善」もない。

萬善《ばんぜん》は無象《むしょう》なりといへども、
作善《さぜん》のところに計會《けいえ》すること、磁鐵《じてつ》よりも速疾《そくしつ》なり。
そのちから、毘嵐風《びらんふう》よりもつよきなり。

大地《だいち》山河《せんが》、世界《せかい》國土《こくど》、業増上力《ごうぞうじょうりき》、

なほ善《ぜん》の計會《けいえ》を罣礙《けいげ》することあたはざるなり。

「善」には決まった姿はないものだが、私たちがこの「今」に「善」をなす。そこにすばやく「善」が集まってくるのは、磁石に鉄が引き付けられるよりも速い。一瞬である。その引き付ける力は世界の始まりに吹くという毘嵐風よりも強い。山河大地、世界の国土、原因がもたらす結果への必然性の力も、「善」が集まることを誰も止めることはできない。

しかあるに、世界《せかい》によりて善《ぜん》を認《にん》ずること

おなじからざる道理《どうり》、おなじ認得《にんとく》を善《ぜん》とせるがゆゑに、

三世諸佛《さんぜしょぶつ》の說法《せっぽう》の儀式《ぎしき》の如《ご》し。

それぞれの世界によって「善」とすることが同じではないなかで、同じことを

「善」としているのは、佛の説法のようなものである。佛の説法は「人を見て法を説く」というように、その人の様子を見ながら様々な方法で法を説くのである。

おなじといふは、在世説法《ざいせせつほう》、ただ時《とき》なり。壽命身量《じゆみようしんりよう》またときに一任《いちにん》しきたれるがゆゑに、説無分別法《せつむふんべつほう》なり。

同じことを「善」とするのは、この世の説法が時によるということなのだ。同じことを説くためにその時々によって違う法を説くのである。いろいろなものごとの様子は、その時々によるのだから、ひとつの分別では処理しきれない無分別の法を説くのだ。その説法の有り様は一様ではないし、法に通じていない人には考えもおよばないことなのである。しかしながら佛は本来のことを説いてやむことがない。

しかあればすなはち、信行《しんぎよう》の機《き》の善《ぜん》と、法行《ほうぎよう》の機《き》の善《ぜん》と、はるかにことなり。

別法《べっぽう》にあらざるがごとし。
たとへば、聲聞《しょうもん》の持戒《じかい》は菩薩《ぼさつ》の破戒《はかい》なるがごとし。

だから、信じて修行に入る者の「善」と、法をわきまえて修行に入る者の「善」とは、はるかに異なるのである。それが佛法とは言えないようにも見えてしまう。たとえて言えば、小乗佛教で戒律を守っていくことが、大乗佛教の菩薩にとっては同じ行が戒律を破ることになってしまうようなことである。戒律を守ろうとすることも本来の佛教においては余計なことなのだ。

衆善《しゅぜん》これ因縁生《いんねんしょう》、因縁滅《いんねんめつ》にあらず。

どの「善」も「悪」と同じで、何かの縁があって生じたり、何かの縁でなくなったりするものではない。本来の「善」というのはそういうことなのだ。

衆善《しゅぜん》は諸法《しょほう》なりといふとも、諸法《しょほう》は衆善《しゅぜん》にあらず。

様々な「善」はこの世での出来事についてのことだが、すべてのこの世での出来事が「善」だということではないだろう。

因縁《いんねん》と生滅《しょうめつ》と衆善《しゅぜん》と、おなじく頭正《ずしん》あれば尾正《びしん》あり。

何かの縁、ものごとが生じそして滅すること、そして様々な「善」という本来の様子、そのどこにも間違いなどあるはずもない。そしてそれが因縁であり、生滅であり、衆善なのだ。

衆善《しゅぜん》は奉行《ぶぎょう》なりといへども、自《じ》にあらず、自《じ》にしられず。他《た》にあらず、他《た》にしられず。

「衆善」は私たちの行いのことではあるけれど、「私」が何かをするということではない。「私」が知ろうが知るまいが「衆善」は「衆善」なのだ。もちろん「他」が何かをするということでもない。「他」が知ろうが知るまいが「衆善」は「衆善」なのだ。本来の「善」には「私」はかかわらないのである。

自他《じた》の知見《ちけん》は、知《ち》に自《じ》あり、他《た》あり、

見《けん》の自《じ》あり、他《た》あるがゆゑに。

「私」だとか「他」だとかいうのは、「知る」という動詞が「私」や「他」の主語を必要とするからである。「見る」という動詞が「私」や「他」の主語を必要とするからである。「衆善」に「私」も「他」もないのだ。

各各《かつかく》の活眼睛《かつがんぜい》、それ日《ひ》にもあり、月《つき》にもあり。これ奉行《ぶぎょう》なり。

それぞれのほんとうのことを見抜く眼は、日にも月にもある。日が日である、月が月である、それが「奉行」なのである。日の「奉行」、月の「奉行」なのだ。

奉行《ぶぎょう》の正當恁麼時《しょうとういんもじ》に、現成《げんじょう》の公案《こうあん》ありとも、公案《こうあん》の始成《しじょう》にあらず、公案《こうあん》の久住《きゅうじゅう》にあらず、さらにこれを奉行《ぶぎよう》といはんや。

「奉行」とは「今」のことだ。その「奉行」の「今」は、「今とは何だ」「本来とは何だ」という公案そのものである。公案という問いであり、公案という答えなのだ。しかし、その公案がここに始まった、生じたということではない。また以前からあったということでもない、この「今」のことなのだ。さらに「奉行」などと余計なことを言うまでもないのである。

作善《さぜん》の奉行《ぶぎよう》なるといへども、測度《しきたく》すべきにはあらざるなり。

仮にこの「今」をまさに「衆善奉行」の時と言ったとしても、それを人間の見解によって推し量ることではない。推し量ったものは「今」とはおよそかけ離れている。

いまの奉行《ぶぎよう》、これ活眼睛《かつがんぜい》なりといへども、

測度《しきたく》にはあらず。

「今」の「奉行」は本来の生きた眼ではあるけれども、それは本来の生きた眼で推し量るということではない。考えるということでもないのだ。

法《ほう》を測度《しきたく》せんために現成《げんじょう》せるにあらず。

活眼睛《かつがんぜい》の測度《しきたく》は、餘法《よほう》の測度《しきたく》とおなじかるべからず。

「今」の「奉行」は、佛法を推量するためにここにあるのではないはずである。本来の生きた眼というのは、私たちが研究したり学習したり調査したりすることとはまったく違う眼なのである。

衆善《しゆぜん》、有無《うむ》、色空等《しきくうとう》にあらず、ただ奉行《ぶぎよう》なるのみなり。

「衆善」はあるとかないとかのことではない。世の中の様子がどうだということでもない。ただ「奉行」は「奉行」なのだ。「衆善」は「衆善」なのだ。

いづれのところの現成《げんじょう》、いづれの時《とき》の現成《げんじょう》も、かならず奉行《ぶぎょう》なり。

どの場所においても、いずれの時においても、この「今」は「奉行」なのである。

この奉行《ぶぎょう》にかならず衆善《しゅぜん》の現成《げんじょう》あり。

このあらゆる人間のはからいから離れた「奉行」にこそ「衆善」は現れている。それは人間の考える一時の「善」ではないのだ。

奉行《ぶぎょう》の現成《げんじょう》、これ公案《こうあん》なりといふとも、生滅《しょうめつ》にあらず、因縁《いんねん》にあらず。

「奉行」が「今」ここに現れている。それは「今とは何だ」「本来とは何だ」という公案そのものである。しかしその公案が今ここに始まった、縁によって生じたということではない。「奉行」が公案そのものなのである。

奉行《ぶぎよう》の入住出等《にゆうじゆうしゆっとう》も又《また》かくのごとし。

「奉行」に入る、とどまる、出るなどという実際の様子も、今ここに始まった、縁によって生じたということではない。

衆善《しゆぜん》のなかの一善《いちぜん》すでに奉行《ぶぎよう》するところに、

盡法全身《じんほうぜんしん》、眞實地等《しんじつちとう》、ともに奉行《ぶぎよう》せらるるなり。

「衆善」の中のただひとつの「善」、まさに「今」ここの「奉行」を「奉行」するところに、ことごとくの法も、全身も、真実のこの大地も、なにもかもが「奉行」のまっただ中にいるのだ。

この善《ぜん》の因果《いんが》、おなじく奉行《ぶぎよう》の現成公案《げんじようこうあん》なり。

この「衆善」の成り立ちはこの「奉行」の「今」である。

因《いん》はさき、果《か》はのちなるにあらざれども、

因圓滿《いんえんまん》し、果圓滿《かえんまん》す。

原因は先にあり、結果は後にある、そのようなことを考える以前に、「今」は「今」なのである。この「今」には、原因も原因としてそこにあるのではない。結果も結果としてそこにあるのではない。ただ「今」なのだ。

因等法等《いんとうほうとう》、果等法等《かとうほうとう》なり。因《いん》にまたれて果感《かかん》ずといへども、前後《ぜんご》にあらず、前後等《ぜんごとう》の道《どう》あるゆゑに。

原因もそのままそこにあり、結果もそのままそこにあるだけだ。本来の法とはそういうものなのである。原因があって結果が生じるといっても、その前後の意味などどうでもよくはないか。前後もそのままそこにあるだけだ。

自浄其意《じじょうごい》といふは、莫作《まくさ》の自《じ》なり、莫作《まくさ》の浄《じょう》なり。

「自浄其意」というのは「莫作」の「自」であり、「莫作」の「浄」なのである。意味としての「自」ではなく、意味としての「浄」ではない。意味の中にほんとうの「自浄其意」は語ることはできない。

自《じ》の其《ご》なり、自《じ》の意《い》なり。莫作《まくさ》の其《ご》なり、莫作《まくさ》の意《い》なり。奉行《ぶぎょう》の意《い》なり、奉行《ぶぎょう》の淨《じょう》なり、奉行《ぶぎょう》の其《ご》なり、奉行《ぶぎょう》の自《じ》なり。かるがゆゑに是《ぜ》諸佛《しょぶつ》教《きょう》といふなり。

「自」も「其」も「意」も「莫作」も「奉行」も、まさにこの「今」ということに溶け込んでいるのだ。それぞれから意味を取りだしてこの「今」が分かるか、分かるはずもない。「自浄其意」はこの「今」だからこそ佛の教えなのである。

いはゆる諸佛《しょぶつ》、あるいは自在天《じざいてん》のごとし。自在天《じざいてん》に同不同《どうふどう》なりといへども、一切《いっさい》の自在天《じざいてん》は諸佛《しょぶつ》にあらず。

諸佛というのは万能の神である自在天のようなものである。もちろん同じところ、違うところもあるけれど、自在天に似ている。しかしながら万能であるからといって、自在天が悟りを開いた佛と同じだということではない。

あるいは轉輪王《てんりんおう》のごとくなり。

しかあれども、一切《いっさい》の轉輪聖王《てんりんしょうおう》の諸佛《しょぶつ》なるにあらず。

また諸佛は人間界の最高の王である転輪王に似ている。しかし人間界の最高の王だからといって、悟りを開いているということではない。

かくのごとくの道理《どうり》、功夫參學《くふうさんがく》すべし。

諸佛《しょぶつ》はいかなるべしとも學《がく》せず、

いたづらに苦辛《くしん》するに相似《そうじ》せりといへども、

さらに受苦《じゅく》の衆生《しゅじょう》にして、行佛道《ぎょうぶつどう》にあらざるなり。

この最高の神であれ最高の人間であれ、その人が悟りを開いていることとは違うという道理を学ぶべきなのだ。それを学ばないのであれば、悟りを開くことがどういうことかも分からず、無駄に苦労だけするようなものであり、佛道の修行とは言えない。

莫作《まくさ》および奉行《ぶぎょう》は、驢事未去《ろじみこ》、馬事到來《ばじとうらい》なり。

本来の「莫作」あるいは「奉行」は、驢馬がいまだ去っていないのに、もうすでに馬が来てしまっているということである。これは驢馬を煩悩にたとえ、馬を悟りにたとえているのである。この「今」に煩悩は去ってはいないけれど、すでに悟りはここにいるのだ。この馬、この「今」をどうして見ないのだろうか。

唐《とう》の白居易《はっきょい》は、佛光如滿禪師《ぶっこうにょまんぜんじ》の俗弟子《ぞくでし》なり。

江西大寂禪師《こうせいだいじゃくぜんじ》の孫子《そんし》なり。

杭州《こうしゅう》の刺史《しし》にてありしとき、鳥窠《ちょうか》の道林《どうりん》禪師《ぜんじ》に參《さん》じき。

唐代の詩人、白居易は佛光如満禅師の俗人の弟子である。それは馬祖道一《ばそどういつ》禅師の孫弟子ということでもある。杭州で長官であったときに鳥窠の道林禅師のもとで修行をしていた。

ちなみに居易《きょい》とふ、如何是佛法大意《いかなるかこれぶつほうのたいい》。

あるとき白居易が問うた。「いかなるか佛法の大意」。佛法とは何だ、ということである。

道林《どうりん》いはく、諸惡莫作《しょあくまくさ》、衆善奉行《しゅぜんぶぎょう》。

道林は答えた。「諸悪莫作、衆善奉行」と。

居易《きょい》いはく、もし恁麼《いんも》にてあらんは、三歳《さんさい》の孩兒《がいじ》も道得《どうとく》ならん。

白居易が言うには、「そのようなことなら三歳の子供でも言える」と。

道林《どうりん》いはく、三《さん》歳《さい》孩《がい》兒《じ》縱《たとい》道《どう》得《とく》、八十《はちじゅうの》老《ろう》翁《おう》行《ぎょう》不《ふ》得《とく》なり。

道林は言った、「三歳の子供がたとえ言えても、八十歳の老人でも行じられないだろう」。

恁《いん》麼《も》いふに、居易《きょい》すなはち拝《はい》謝《じゃ》してさる。

そのように道林が言うと、白居易は礼拝して下がった。

まことに居易《きょい》は、白《はく》將《しょう》軍《ぐん》がのちなりといへども、奇《き》代《だい》の詩《し》仙《せん》なり。

白居易はその後、白将軍と呼ばれるような名将となったが、もともとは稀に見る詩仙なのである。

人《ひと》つたふらくは、二十《にじゅう》四《よん》生《せい》の文《もん》學《がく》なり。

あるいは文殊《もんじゅ》の號《ごう》あり、あるいは彌勒《みろく》の號《ごう》あり。

世間の噂では二十四回生まれ直してなった文士であり、あるときは文殊と呼ばれ、弥勒とも呼ばれている。

風情《ふうじょう》のきこえざるなし、筆海《ひっかい》の朝《ちょう》せざるなかるべし。

詩文の趣は誰もが知るところであり、詩文の世界で白居易に学ばない者はいない。

しかあれども、佛道《ぶつどう》には初心《しょしん》なり、晩進《ばんしん》なり。

いはんやこの諸惡莫作《しょあくまくさ》、衆善奉行《しゅぜんぶぎょう》は、

その宗旨《しゅうし》、ゆめにもいまだみざるがごとし。

そのような偉大な詩仙ではあるけれど、佛道においてはいまだ初心者であり、若いうちから佛道を志した者ではない。そのような白居易には、「諸悪莫作、衆善奉行」のほんとうのところなどは、いまだかつて夢にも見たことがないだろう。

居易《きよい》おもはくは、道林《どうりん》ひとへに有心《うしん》の趣向《しゆこう》を認《にん》じて、諸悪《しよあく》をつくることなかれ、衆善奉行《しゆぜんぶぎよう》すべしといふならんとおもひて、佛道《ぶつどう》に千古萬古《せんこばんこ》の諸悪莫作《しよあくまくさ》、衆善奉行《しゆぜんぶぎよう》の亙古亙今《かんこかんこん》なる道理《どうり》、しらずきかずして、佛法《ぶつほう》のところをふまず、佛法《ぶつほう》のちからなきがゆゑにしかのごとくいふなり。

白居易が思ったのは、道林禅師が「かくあるべきだ」とか「こうしなければならない」というような趣向で、「諸悪をなしてはならない、衆善をおこなうべし」と言ったということであろう。そして佛道の中で昔から伝えられていた「諸悪莫作、衆善奉行」のほんとうの道理を知らず、あるいは聴くことなく「三歳の子供でも言える」などと言ってしまった。まさに佛法の力がないというのはこういうことなのである。

たとひ造作《ぞうさく》の諸悪《しょあく》をいましめ、

たとひ造作《ぞうさく》の衆善《しゅぜん》をすすむとも、現成《げんじょう》の莫作《まくさ》なるべし。

たとえ諸悪なすことを戒め、衆善なすことを奨励したとしても、この「今」の「莫作」をどうするというのだ。「かくあるべきだ」とか「こうしなければならない」とかの余計な道理にとらわれて、この「今」をどうするというのだ。

おほよそ佛法《ぶっぽう》は、知識《ちしき》のほとりにしてはじめてきくと、

究竟《くきょう》の果上《かじょう》もひとしきなり。これを頭正尾正《とうしんびしん》といふ。

佛法のことを、悟りの人から初めて聴くときには、究極のことも、この「今」のことも同じであると聞こえてくる。これを頭正尾正、始めから終わりまで間違いなどあり得ないことなのだというのである。

妙因妙果《みょういんみょうか》といひ、佛因佛果《ぶついんぶつか》といふ。

この頭正尾正の「今」を、妙因妙果ということもあり、佛因佛果ということもある。それぞれ同じことである。

佛道《ぶつどう》の因果《いんが》は、異熟等流等《いじゅくとうるとう》の論《ろん》にあらざれば、佛因《ぶついん》にあらずは佛果《ぶつか》を感得《かんとく》すべからず。

佛道において因果というのは、異熟、すなわち善因でも悪因でも何も起こらないとか、等流、すなわち善因が善果になり悪因が悪果になるとかいう一般的に論じられるような因果のことではない。それは佛という悟りの人の因があってこそ、悟りに至る結果が現れるということなのだ。

道林《どうりん》この道理《どうり》を道取《どうしゅ》するゆゑに佛法《ぶっほう》あるなり。

道林禅師は「諸悪莫作、衆善奉行」でこの佛の道理のことを言っているのだ。だからこの「諸悪莫作、衆善奉行」が佛法なのだ。

諸悪《しょあく》たとひいくかさなりの盡界《じんかい》に彌綸《みりん》し、いくかさなりの盡法《じんほう》を呑却《どんきゃく》せりとも、これ莫作《まくさ》の解脱《げだつ》なり。

たとえ「諸悪」が様々な世界のすべてに充満し、すべてを飲み込んでしまうとしても、「諸悪」は「莫作」という解脱なのである。「今」という解脱なのである。

衆善《しゅぜん》すでに初中後善《しょちゅうごぜん》にてあれば、奉行《ぶぎょう》の性相體力等《しょうそうたいりきとう》を如是《にょぜ》せるなり。

「衆善」がすでにいつもの間断ない「衆善」なのだから、「奉行」のあらゆる性相などをもうすでにかくのごとく備えている。それが「今」ということである。

居易《きょい》かつてこの蹤跡《しょうせき》をふまざるによりて、三歳《さんさい》の孩兒《がいじ》も道得《どうとく》ならんとはいふなり。道得《どうとく》をまさしく道得《どうとく》するちからなくて、かくのごとくいふなり。

白居易はこの道筋を踏まえていないので、「三歳の子供でも言える」などと言ってしまったのである。本来ということを言い切る力量がないから、そのように言ってしまったのである。

あはれむべし、居易《きよい》、なんぢ道甚麼《どうしも》なるぞ。

佛風《ぶつぷう》いまだきかざるがゆゑに。

まことに哀れむべきである。白居易、本来とはそんなものか。ほんとうの佛法を聴いたことがないからそんなことが言えるのだ。

三歳《さんさい》の孩兒《がいじ》をしれりやいなや。

孩兒《がいじ》の才生《さいしょう》せる道理《どうり》をしれりやいなや。

三歳の子供をほんとうに知っているのか。子供の本来の才が生じているという道理を知っているのかどうか。君は子供が子供であることを知らないのだ。まして本来を知るはずもない。

もし三歳《さんさい》の孩兒《がいじ》をしらんものは、三世諸佛《さんぜしょぶつ》をもしるべし。いまだ三世諸佛《さんぜしょぶつ》をしらざらんもの、いかでか三歳《さんさい》の孩兒《がいじ》をしらん。

三歳の子供をほんとうに知っているなら、過去現在未来の諸佛のことも知っているはずだ。過去現在未来の諸佛のことを知らない者が、どうして三歳の子供のことを知るのだろうか。知るはずもない。

對面《たいめん》せるはしれりとおもふことなかれ、對面《たいめん》せざればしらざるとおもふことなかれ。

佛と対面することが知るということではない。対面しなければ知らないということでもない。

一塵《いちじん》をしるものは盡界《じんかい》をしり、

一法《いっぽう》を通《つう》ずるものは萬法《ばんぽう》を通《つう》ず。

一粒の塵のことでもほんとうに知るならば、ことごとくの世界を知るのである。そして佛法のひとつであってもそのひとつの法にほんとうに通じているならば、すべての法に通じているのだ。それが佛法というものである。

萬法《ばんぽう》に通《つう》ぜざるもの、一法《いっぽう》に通《つう》ぜず。通《つう》を學《がく》せるもの

通徹《つうてつ》のとき、萬法《ばんぽう》をもみる、一法《いっぽう》をもみるがゆゑに。

すべての法に通じていない者は、一法といえども通じているはずがない。佛法において「通じる」ということを学ぶ者は、この「通」に徹したときすべての法を見るのだ。一法をほんとうに見たからこそである。

一塵《いちじん》を學《がく》するもの、のがれず盡界《じんかい》を學《がく》するなり。

一粒の塵でもほんとうに学ぶならば、誰もが例外なくことごとくの世界を学ぶのである。それがほんとうに学ぶということの様子である。

三歳《さんさい》の孩兒《がいじ》は佛法《ぶつほう》をいふべからずとおもひ、三歳《さんさい》の孩兒《がいじ》のいはんことは容易《ようい》ならんとおもふは至愚《しぐ》なり。

三歳の子供が佛法について言うことなどあるはずがないと思ったり、三歳の子供の言うことはたいしたことはないなどと思うのは、愚の骨頂である。

そのゆゑは、生《しょう》をあきらめ死《し》をあきらむるは佛家《ぶつけ》一大事《いちだいじ》の因縁《いんねん》なり。

それは生死のことを明らかにするのが、佛道を学ぶ者にとっては大事なことだからである。

古徳《こ とく》いはく、なんぢがはじめて生下《しょうげ》せりしとき、すなはち獅子吼《し し く》の分《ぶん》あり。獅子吼《し し く》の分《ぶん》とは、如來轉法輪《にょらいてんぽうりん》の功徳《く どく》なり、轉法輪《てんぽうりん》なり。

古人が言うには、「人がこの世にはじめて生まれ落ちたときというのは、獅子吼、佛の説法のごとくである」と。まさに「おぎゃあ」という言葉は、佛の説法のごとき、意味から離れたほんとうの言葉であろう。

又古徳《また こ とく》いはく、生死去來《しょうじきょらい》、眞實人體《しんじつじんたい》なり。

また古人が言うには、「生死が去来する、それこそがほんとうのことなのである」と。

しかあれば、眞實體《しんじつたい》をあきらめ、獅子吼《し し く》の功徳《く どく》あらん、まことに一大事《いちだいじ》なるべし、たやすかるべからず。

だから人はもとよりほんとうのことであり、佛の説法をもって、そのものがそのものとして生まれ落ちてくるのである。まさに一大事であり、軽々しく扱ってはならない。

かるがゆゑに、三歳孩兒《さんさいがいじ》の因縁行履《いんねんあんり》あきらめんとするに、さらに大因縁《だいいんねん》なり。それ三世《さんぜ》の諸佛《しょぶつ》の行履因縁《あんりいんねん》と、同不同《どうふどう》あるがゆゑに。

そのようなことだから三歳の子供のことを明らかにしようとするのは、ほんとうに大事なことなのである。三歳の子供は過去現在未来の諸佛と同じなのだ。そこによくよく眼をつけなければならない。

居易《きよい》おろかにして三歳《さんさい》の孩兒《がいじ》の道得《どうとく》を

かつてきかざれば、
あるらんとだにも疑著《ぎちゃく》せずして、恁麼道取《いんもどうしゅ》するなり。

白居易は愚かにも三歳の子供の言葉をほんとうに聴いたことがないので、三歳の子供に何かあると疑いもせず、「三歳の子供でも言える」などと言ってしまったのだ。

道林《どうりん》の道聲《どうせい》の雷《らい》よりも顯赫《けんかく》なるをきかず、

道林禅師の言葉は雷鳴よりもはっきりしているのに、それを聴かなかった。あるいは聴くことができなかった。

道不得《どうふとく》をいはんとしては、三歳孩兒還道得《さんさいがいじかんどうとく》といふ。

道林禅師は、言うことのできないほんとうのところを言おうとして、「三歳の子供ならかえって言える」と言っているのだ。

これ孩兒《がいじ》の獅子吼《ししく》をもきかず、
禪師《ぜんじ》の轉法輪《てんぼうりん》をも蹉過《しゃか》するなり。

白居易は三歳の子供のほんとうの言葉も聴かず、道林禅師の説法も見失ってしまっているのだ。

禪師《ぜんじ》あはれみをやむるにあたはず、
かさねていふしなり、三歳《さんさい》の孩兒《がいじ》は
たとひ道得《どうとく》なりとも、八十老翁《はちじゅうのろうおう》は行不得《ぎょうふとく》ならんと。

道林禅師は悲しみ哀れみが止まらず、重ねて言ったのだ。「三歳の子供がたとえ言えても、八十歳の老人でも行じられないだろう」と。

いふこころは、三歳《さんさい》の孩兒《がいじ》に道得《どうとく》のことばあり、これをよくよく參究《さんきゆう》すべし。

八十《はちじゆう》の老翁《ろうおう》に行不得《ぎようふとく》の道《どう》あり、よくよく功夫《くふう》すべし。

孩兒《がいじ》の道得《どうとく》はなんぢに一任《いちにん》す、しかあれども

孩兒《がいじ》に一任《いちにん》せず。老翁《ろうおう》の行不得《ぎようふとく》はなんぢに一任《いちにん》す、

しかあれども老翁《ろうおう》に一任《いちにん》せずといひしなり。

その心は、三歳の子供にもほんとうの言葉があり、八十歳の老人でも分からないものは分からないのだと。そこのところを功夫すべきということである。

「三歳の子供の言葉はおまえに任せよう、しっかり自分自身のこととして功夫するのだ。三歳の子供の他人事と思ってはならない」。また「老人の言葉もおまえに任せよう、しっかり自分自身のこととして功夫するのだ。老人の他人事と思ってはならない」と、道林禅師は言っているのだ。

佛法《ぶっぽう》はかくのごとく辨取《べんしゅ》し、説取《せっしゅ》し、宗取《そうしゅ》するを道理《どうり》とせり。

佛法とはこのようにして、修行、功夫して自分のものとするのが本来の道理である。

正法眼蔵の中の禪問答　三

雪峰と弟子（道得より）

ある僧が雪峰義存《せっぽうぎそん》禅師のもとで修行していた。あるとき雪峰のもとを離れ山の中に庵《いおり》を結んだ。年月が経っても剃髪《ていはつ》することは一度もない。山の中での暮らし向きなど誰知ることもないが、木の柄杓《ひしゃく》を作って谷川の水を飲んでいたという。

そのような年月が経ち、その僧の消息も噂になりだした。雪峰のもとの修行僧がその庵主《あんじゅ》のもとを尋ね問うた。「祖師西来意とは何ですか」。

庵主は答えた。「谷が深くて、柄杓の柄も長い」。

その修行僧は驚いて、礼拝もせずに急いで帰り、雪峰に一部始終を話した。

雪峰はその話を聞いて言った。「はなはだ奇怪ではあるが、私がみずから行って試してやろう」。

そしてある日、侍者に剃刀《かみそり》を持たせて庵主を訪ねた。

庵主を見るとすかさず言った。「言い得れば頭を剃らない。言い得ざれば頭を剃る」。

すると庵主は頭を洗ってきて雪峰に頭を差し出した。

雪峰は黙って庵主の頭を剃り上げた。

道元禅師は、「この一段の因縁、まことに優曇《うどん》の一現のごとし。あひがたきのみにあらず、ききがたかるべし。(……)佛出世にあふといふは、かくのごとくの因縁をきくをいふなり」と言う。

法を伝える雪峰と法を受け継ぐ庵主のまことに奇特の因縁である。

梅花の巻

天童如浄《てんどうにょじょう》禅師は道元禅師の師である。道元禅師はたいへんなご苦労をされて中国に渡り、天童如浄禅師に出会った。そして佛法を受け継いだ。日本に帰って道元禅師は「何を学んできたのか」と訊かれ、「空手還郷《くうしゅげんきょう》（何も持たずに日本に帰る）」と答えたことは有名であろう。

そのものがそのものであること、「今」が「今」であることを学んだのである。

【正法眼蔵 梅花】

先師《せんじ》天童《てんどう》古佛《こぶつ》者《は》、大宋《だいそう》慶元府《けいげんふ》太白名山《たいはくめいざん》天童景徳寺《てんどうけいとくじ》第《だい》三十代堂上大和尚《さんじゅうだいどうじょうだいおしょう》なり。

正法眼蔵において先師といえば、道元禅師の師の天童如浄禅師のことである。その天童如浄禅師は大宋国の慶元府太白山天童寺の第三十代の住職であった。

上堂《じょうどう》の示衆《じしゅう》に云《いわ》く、天童仲冬《てんどうちゅうとう》の第一句《だいいっく》、

あるとき説法の場である上堂の席で説法を始めた。「天童寺においての仲冬の月の一句」はというわけである。

槎槎《ささ》たり牙牙《がが》たり老梅樹《ろうばいじゅ》、忽《たちま》ちに開花《かいか》す一花兩花《いっかりょうか》。

様々に枝が入り乱れている老いた梅の木に、今ひとつふたつ花が咲いた。

三《さん》四《し》五《ご》花《か》無《む》數《すう》花《か》、清《せい》誇《ほこ》るべからず、香《か》誇《ほこ》るべからず。

数えてみれば、三四五と数えきれないようにも見える。梅花はすがすがしさも、香りも誇る様子もなく咲いている。

散《さん》じては春《はる》の容《かたち》と作《な》りて草《そう》木《もく》を吹《ふ》く、

衲《のう》僧《そう》箇《こ》箇《こ》頂《ちょう》門《もん》禿《とく》なり。

梅花は春の姿となって散り、草木のあいだを吹き抜ける。我々の坊主頭のあいだもだ。

驀《まく》箚《さつ》に變《へん》怪《かい》する狂《きょう》風《ふう》暴《ぼう》雨《う》あり、

乃《ない》至《し》大《だい》地《ち》に交衰《みちみ》てる雪《ゆき》漫《まん》漫《まん》たり。

まっしぐらに進んでくる暴風雨のときがあり、また大地に降りつもる雪のときもある。

老梅樹《ろうばいじゅ》、太《はなは》だ無端《むたん》なり、寒凍摩挲《かんとうまさ》として鼻孔酸《びくうす》し。

そのようなかに老梅樹は、いつからそこにあったかとも知れず、いつ朽ち果てるとも知らずそこにある。寒くて凍るような風に手をこすれば鼻の穴も冷たい。

いま開演《かいえん》ある老梅樹《ろうばいじゅ》、それ太無端《はなはだむたん》なり、忽開花《たちまちかいか》す、自結果《おのずからけつか》す。あるいは春《はる》をなし、あるいは冬《ふゆ》をなす。

今ここに天童如浄禅師が言われている老梅樹は、まさに始めも終わりもなくそこにある。それは「今」に始めも終わりもないことと同じである。そしてその「今」に開花し、「今」におのずから実を結ぶ。それが春であり、冬なのだ。

あるいは狂風《きょうふう》をなし、あるいは暴雨《ぼうう》をなす。

あるいは衲僧《のうそう》の頂門《ちょうもん》なり、あるいは古佛《こぶつ》の眼睛《がんぜい》なり。

あるいは草木《そうもく》となれり、あるいは清香《せいこう》となれり。

またあるときは暴風雨もあり、私たちのあいだを吹き抜け、古佛の眼を、草木のあいだを吹き抜ける。そしてすがすがしい香りとなるのだ。

驀箚《まくさつ》なる神變《じんぺん》神怪《じんかい》きはむべからず。乃至《ないし》大地《だいち》高天《こうてん》、明日《めいじつ》清月《せいげつ》、これ老梅樹《ろうばいじゆ》の樹功《じゆこう》より樹功《じゆこう》せり。

様々な変化はそれぞれ極め尽くすことはできないし、する必要もないことだ。大地も高く晴れ上がった空も明るい太陽もすがすがしい月も、老梅樹が老梅樹であることのおかげなのである。「私」が知ろうが知るまいが、老梅樹は老梅樹なのである。

葛藤《かつとう》の葛藤《かつとう》を結纏《けつてん》するなり。

まさに「今」というのは、分からないことが分からないことにまとわりつかれているのだ。分からないことがかたまりになっている。分かるということでは解決できないところに「今」がある。

老梅樹《ろうばいじゅ》の忽開花《たちまちかいか》のとき、花開世界起《はなひらいてせかいおこる》なり。

般若多羅《はんにゃたら》尊者が「果、満ちて菩提まどかなり、花、開いて世界起こる」と言われたが、老梅樹の花がたちまちに開く時は、まさに「花、開いて世界起こる」の時である。花が花となり、世界が世界となり、本来が本来となるのだ。

花開世界起《はなひらいてせかいおこる》の時節《じせつ》、すなはち春到《しゅんとう》なり。

その本来の「今」に春が来るのである。

この時節《じせつ》に、開五葉《かいごよう》の一花《いっか》あり。

達磨《だるま》大師が「一華、五葉を開き、結果、自然に成ず」と言われ、ひとつの花が五枚の葉を開くように達磨大師から多くの弟子たちが育っていく様子を述べられたが、この五葉を開く花は、その本来の「今」に咲くのである。

この一花時《いっかじ》、よく三花四花五花《さんかしかごか》あり。

百《ひゃっ》花《か》千《せん》花《か》萬《ばん》花《か》億《おく》花《か》あり。乃《ない》至《し》無《む》數《すう》花《か》あり。

そのひとつの花によって多くの花が咲いてくるのである。それが一人の師匠に多くの弟子が育っていく禅宗の様子でもある。

これらの花《か》開《かい》、

みな老《ろう》梅《ばい》樹《じゅ》の一《いっ》枝《し》兩《りょう》枝《し》無《む》數《すう》枝《し》の不《ほこる》可《べから》誇《ず》なり。

この禅宗に咲いた花こそ、老梅樹の枝が老梅樹の枝として、清香を誇ることもなくそのままにあることの結果なのである。

優《う》曇《どん》華《げ》優《う》鉢《ば》羅《ら》花《げ》等《とう》、おなじく老《ろう》梅《ばい》樹《じゅ》花《か》の一《いっ》枝《し》兩《りょう》枝《し》なり。

優曇華も優鉢羅華も三千年に一度しか咲かない花と言われており、佛と出会うことの難しさにたとえられる。その花でさえ、あるいは佛との出会いでさえ、老梅樹の一枝の花が花であるからこそ実現されるのである。

おほよそ一切《いっさい》の花開《かかい》は、老梅樹《ろうばいじゅ》の恩給《おんきゅう》なり。

人中天上《じんちゅうてんじょう》の老梅樹《ろうばいじゅ》あり、

老梅樹中《ろうばいじゅちゅう》に人間天堂《にんげんてんどう》を樹功《じゅこう》せり。

そこここに咲いた花、そして禅宗を受け継ぐ者たちという花、それらすべては老梅樹の恩のたまものなのだ。この人間界にも天上界にも老梅樹はあり、老梅樹の中に人は人としてあり、天堂は天堂としてある。老梅樹のそのものがそのものとしてある力がそうさせているのである。

百千花《ひゃくせんか》を人天花《にんてんか》と稱《しょう》ず。萬億花《まんおくか》は佛祖花《ぶっそか》なり。

恁麼《いんも》の時節《じせつ》を、諸佛出現於世《しょぶつしゅつげんおせ》と喚作《かんさ》するなり。

祖師本來茲土《そしほんらいしど》と喚作《かんさ》するなり。

百、千の花を人間界の花と言ってもよい。万や億の花は佛祖の花と言ってもよい。まさにその時節が悟りを開く佛をこの世に出現させるのであり、達磨大師が言う「本来のこの地」を呼び起こすのである。

先師《せんじ》古佛《こぶつ》、上堂《じょうどう》示《じ》衆云《しゅうにいわく》、
瞿曇《くどん》眼睛《がんぜい》を打失《たしつ》する時《とき》、雪裏《せつり》の梅花《ばいか》只《ただ》一枝《いっし》なり。

天童如浄禅師が上堂のとき修行僧たちに言った、「釋尊が眼《まなこ》を失ったとしても、雪の中に梅花がただ一枝咲いている」。

而今《じこん》到處《とうしょ》に荊棘《けいきょく》を成《じょう》す、
却《かえ》って笑《わら》ふ春風《しゅんぷう》の繚亂《りょうらん》として吹《ふ》くことを。

この句を聴くと、絡まってしまった刺だらけの疑問がわき上がってくるだろう。「釋尊は梅花を眼で見ないでも、梅花を見る力を持っていたのだろうか」など。しかしながら春風が入り乱れて吹き、そのような疑問を笑い飛ばしてしまうだろう。

いまこの古佛《こぶつ》の法輪《ほうりん》を盡界《じんかい》の最極《さいきょく》に轉《てん》ずる、
一切人天《いっさいにんてん》の得道《とくどう》の時節《じせつ》なり。

この「今」は、この天童如浄禅師の説法をこの世界の究極とし、すべての人にとって道を得るまさにその時なのである。「今」をおいてほかにその時節はない。そのことを知るべきである。

乃至《ないし》雲雨《うんう》風水《ふうすい》および草木《そうもく》昆蟲《こんちゅう》にいたるまでも、
法益《ほうやく》をかうむらずといふことなし。

雲も雨も風も水も草も木も虫もその説法の功徳を受けないものはない。

天地《てんち》國土《こくど》もこの法輪《ほうりん》に轉《てん》ぜられて活鱍鱍地《かっぱっぱっち》なり。

天地や国土も、その説法の功徳によって生き生きとしている。

未曾聞《みぞうもん》の道《どう》をきくといふは、

いまの道《どう》を聞著《もんちゃく》するをいふ。

いまだかつて聴いたことのない説法を聴くということは、この「今」を聴くのである。

未曾有《みぞう》をうるといふは、

いまの法《ほう》を得著《とくじゃく》するを稱《しょう》ずるなり。

いまだかつて持ったことのないものを得るということは、この「今」を得ることを言うのである。

おほよそおぼろけの福徳《ふくとく》にあらずは、

見聞《けんもん》すべからざる法輪《ほうりん》なり。

天童如浄禅師の説法は、ふつうの福徳では見聞きすることのできないような説法である。

いま現在《げんざい》大宋國《だいそうこく》一百八十州《いっぴゃくはちじゅっしゅう》の内外《ないげ》に、山寺《さんじ》あり、人里《じんり》の寺《てら》あり、そのかず稱計《しょうけい》すべからず。そのなかに雲水《うんすい》おほし。しかあれども、先師古佛《せんじこぶつ》をみざるはおほく、みたるはすくなからん。

今、現在の大宋国の百八十州の中に山寺もあり、人里の寺もあり、寺の数は数えきれないほど多い。そしてそれら寺の中に雲水も多くいる。しかし天童如浄禅師に会わなかった者は多く、会った者は少ない。

いはんやことばを見聞《けんもん》するは少分《しょうぶん》なるべし。

いはんや相見問訊《しょうけんもんじん》のともがらおほからんや。いはんや堂奥《どうおう》をゆるさる、いくばくにあらず。いかにいはんや先師《せんじ》の皮肉骨髄《ひにくこつずい》、眼睛面目《がんぜいめんもく》を禮拜《らいはい》することを聴許《ちょうきょ》せられんや。

ましてや言葉を聴いたことのある者はほんの少しである。まして出会って問答をする者は多いはずもない。その上天童如浄禅師の懐まで許された者は幾人もない。まして天童如浄禅師に直接お目にかかり、尊顔の礼拝を許されるものではない。

先師古佛《せんじこぶつ》たやすく僧家《そうけ》の討掛搭《とうかた》をゆるさず。よのつねにいはく、無道心慣頭《むどうしんかんとう》、我箇裏不可也《わがこりふかなり》。

すなはちおひいだす。

出了《しゆつりよう》いはく、不一本分人《いちほんぶんにんにあらずは》、要作甚麼《なにをなすことをようす》。

かくのごときの狗子《くし》は騒人《そうじん》なり、掛搭不得《かたふとく》といふ。

天童如浄禅師は僧侶の入門もなかなか許さなかった。いつも「道心のない者、悪なれした者はここには入門させない」と言って、追い出していた。出て行ったあとに「まともな人でないのにここで何をしようというのだろう」「そのような犬のような者は騒がしいだけである。入門は許さない」と言っていた。

まさしくこれをみ、まのあたりこれをきく。

ひそかにおもふらくは、かれらいかなる罪根《ざいこん》ありてか、

このくにの人《ひと》なりといへども、共住《きようじゆう》をゆるされざる。

まさに天童如浄禅師のこの様子を見て、目の前でこれを聴いた。ひそかに思ったのは、彼らにどういう罪があって、大宋国の人にもかかわらず入門を許されないのであろうかということであった。

われなにのさいはひありてか、
遠方外國《えんぽうがいこく》の種子《しゅうじ》なりといへども、
掛搭《かた》をゆるさるるのみにあらず、ほしきままに
堂奥《どうおう》に出入《でいり》して尊儀《そんぎ》を禮拝《らいはい》し、法道《ほうどう》をきく。

そして私（道元禅師）に何の幸運があって、遠い外国の出身であるにもかかわらず、入門を許されただけではなく、自由に奥まで出入りして直接お目にかかり礼拝して説法を受けることができたのであろう。

愚暗《ぐあん》なりといへども、

むなしかるべからざる結良縁《けつりようえん》なり。

私（道元禅師）のような愚かな者でも、ほんとうに良い縁を結ぶことができたものである。

先師《せんじ》の宋朝《そうちよう》を化《け》せしとき、なほ參得人《さんとくにん》あり、參不得人《さんふとくにん》ありき。

天童如浄禅師が大宋国で遷化なされたとき、参じ得道した人もいたが参じても得道しない人もあった。

先師古佛《せんじこぶつ》すでに宋朝《そうちよう》をさりぬ、暗夜《あんや》よりもくらからん。

天童如浄禅師はもうすでに遷化され、大宋国を去ってしまわれた。月のない夜よりも道は暗くなってしまった。

ゆゑはいかん。先師古佛《せんじこぶつ》より前後《ぜんご》に、

先師古佛《せんじこぶつ》のごとくなる古佛《こぶつ》なきがゆゑにしかいふなり。

なぜならば、天童如浄禅師の後にも先にも、天童如浄禅師のようなほんとうにすぐれた師はいないからである。

しかあれば、いまこれを見聞《けんもん》せんときの晩學《ばんがく》おもふべし、自餘《じよ》の諸方《しよほう》の人天《にんてん》も、いまのごとくの法輪《ほうりん》を見聞《けんもん》すらん、參學《さんがく》すらんとおもふことなかれ。

だからこの天童如浄禅師の言葉を見るとき、これから坐禅を学ぼうとする者は考えなくてはならない。天童如浄禅師のような説法をあちこちで見聞きできたり、学ぶことができると思ってはならないのである。そう思ってこの句に参じなければならない。

雪裏梅花《せつりばいか》は一現《いちげん》の曇花《どんげ》なり。

天童如浄禅師の言葉にある「雪裏梅花」は、三千年に一度しか咲かない優曇華に出会うような稀なことであり、釋尊の説法に出会ったようなことなのである。そのことをよくかみしめて天童如浄禅師の言葉に接しなければならない。

ひごろはいくめぐりか我佛如來《がぶつにょらい》の正法眼睛《しょうほうがんぜい》を拝見《はいけん》しながら、いたづらに瞬目《しゅんもく》を蹉過《しゃか》して破顔《はがん》せざる。

日頃は何度も佛のほんとうの正法眼に出会っているはずなのだ。そして釋尊が弟子たちに示した瞬きにも何度も出会っているはずなのである。しかしそれを見過ごして、迦葉尊者のように破顔微笑しない。いつ破顔するというのだ。

而今《じこん》すでに雪裏《せつり》の梅花《ばいか》まさしく如來眼睛《にょらいがんぜい》なりと正傳《しょうでん》し、承當《じょうとう》す。

今もうすでに「雪裏梅花」が佛のほんとうの正法眼であると正しく伝えられてここにある。

これを拈《ねん》じて頂門眼《ちょうもんがん》とし、眼中睛《がんちゅうせい》とす。

この「雪裏梅花」をもって本来を見抜く眼とするのだ。

さらに梅花裏《ばいかり》に參到《さんとう》して梅花《ばいか》を究盡《ぐうじん》するに、さらに疑著《ぎじゃく》すべき因縁《いんねん》いまだきたらず。

この「雪裏梅花」に参じ「梅花」を究めようとするのに、どこにも疑いなど差しはさむ余地はない。そこにまっしぐらに進めばよいのだ。

これすでに天上天下唯我獨尊《てんじょうてんげゆいがどくそん》の眼睛《がんぜい》なり、法界中尊《ほっかいちゅうそん》なり。

この「雪裏梅花」は、天上天下唯我独尊と言われた釋尊の眼と同じである。それはこの世界の中で最も尊い一句なのである。

しかあればすなはち、天上《てんじょう》の天花《てんげ》、人間《じんかん》の天花《てんげ》、天雨曼陀羅華《てんうまんだらげ》、摩訶曼陀羅華《まかまんだらげ》、曼殊沙花《まんじゅしゃげ》、摩訶曼殊沙花《まかまんじゅしゃげ》および十方無盡國土《じっぽうむじんこくど》の諸花《しょか》は、みな雪裏梅花《せつりばいか》の眷屬《けんぞく》なり。

だから天上界の花も、人間界の花も、天から降ると言われている曼陀羅華の花も、大曼陀羅華の花も、曼珠沙華の花も、大曼珠沙華の花も、あらゆる世界の花々も、全部がこの「雪裏梅花」と同じである。

梅花《ばいか》の恩徳分《おんとくぶん》をうけて花開《かかい》せるがゆゑに、百億花《ひゃくおくか》は梅花《ばいか》の眷屬《けんぞく》なり、小梅花《しょうばいか》と稱《しょう》ずべし。

本来という「梅花」の恩を受けて花は開くのだから、百億の花も「梅花」と同じである。「恩」というのは自分の力ではどうにもならないが、それによって自身が支えられていることを言う。たとえばこの世界がこの世界であること、「今」が「今」であること、本来が本来であることを言う。私たちはその「恩」によって「今」ここにある。

乃至空花地花三昧花等《ないしくうげちげさんまいかとう》、
ともに梅花《ばいか》の大小《だいしょう》の眷属群花《けんぞくぐんか》なり。

また空に咲く花も、地に咲く花も、三昧に咲く花も、みな大小はあるが「梅花」と同じである。

花裡《かり》に百億國《ひゃくおくこく》をなす、國土《こくど》に開花《かいか》せる、
みなこの梅花《ばいか》の恩分《おんぶん》なり。

この「梅花」という本来の「今」に、このたくさんの世界がある。そしてその世界に開花するのは、本来という「恩」なのである。

梅花《ばいか》の恩分《おんぶん》のほかは、さらに一恩《いちおん》の雨露《うろ》あらざるなり。
命脈《めいみやく》みな梅花《ばいか》よりなれるなり。

この「梅花が梅花である」という「恩」以外に「恩」は考えられない。一粒の雨露でさえ「梅花」の「恩」によるのだ。すべての命脈は「梅花」の「恩」より成り立っているのである。

ひとへに嵩山少林《すうざんしようりん》の雪漫漫地《ゆきまんまんち》と參學《さんがく》することなかれ。
如來《によらい》の眼睛《がんぜい》なり。頭上《ずじよう》をてらし、脚下《きやつか》をてらす。

私たちは雪と言えば、嵩山少林寺の達磨大師のもとに雪の夜、慧可大師が入門を許された故事を思う。しかし、「雪裏梅花」を雪の夜の達磨大師にたとえてはならない。「雪裏梅花」はただ佛の眼であり、その眼は頭上をも足もとをも照らす本来の眼なのである。

ただ雪山雪宮《せつざんせつぐう》のゆきと參學《さんがく》することなかれ、
老瞿曇《ろうくどん》の正法眼睛《しょうほうがんぜい》なり。

また雪と言えば、釋尊の過去世の雪山童子を思い、その偈である「諸行無常」を思う。しかしながら「雪裏梅花」を雪山などの雪としてはならない。それは釋尊の本来の正法を見抜く眼なのである。

五眼《ごげん》の眼睛《がんぜい》このところに究盡《ぐうじん》せり。
千眼《せんげん》の眼睛《がんぜい》この眼睛《がんぜい》に圓成《えんじょう》すべし。

眼には肉眼、天眼、慧眼、法眼、佛眼があると言われている。しかし五種類の眼のことなど言うまでもないことだ。この「雪裏梅花」が究極の眼なのである。本来の眼なのである。千もの眼がこの「雪裏梅花」の眼に円成しているのだ。

まことに老瞿曇《ろうくどん》の身心光明《しんじんこうみょう》は、

究盡《ぐうじん》せざる諸法實相《しょほうじっそう》の一微塵《いちみじん》あるべからず。

釋尊の身心、そして本来を照らす光明は、この世界の本来の姿をことごとく照らし出すのだ。その光明によって照らし出すことのできないわずかなかけらもあるはずがない。

人天《にんてん》の見《けん》、別《べつ》ありとも、凡聖《ぼんしょう》の情《じょう》、隔《かく》すとも、雪漫漫《ゆきまんまん》は大地《だいち》なり、大地《だいち》は雪漫漫《ゆきまんまん》なり。

人にはいろいろな見解がある。また感情もいろいろある。しかしながら雪があって大地があるのではない。大地があって雪が降るのではない。本来とは「今」のこの雪の大地そのものなのである。

雪漫漫《ゆきまんまん》にあらざれば盡界《じんかい》に大地《だいち》あらざるなり。

この雪漫漫《ゆきまんまん》の表裏團圝《ひょうりだんらん》、これ瞿曇老《くどんろう》の眼睛《がんぜい》なり。

（実は道元禅師はこの梅花の巻を永平寺が創建される以前に逗留していた吉峰寺で書いていた。そのときの様子を「深雪参尺大地漫漫」としている）。この「今」、雪が大地であり、大地が雪なんだということである。雪は雪、大地は大地としていては、「今」ではないというのだ。この雪漫漫の大地は、雪とか大地とか言う前に完結しているではないか。この「今」に円成しているではないか。それに気づくのが釋尊の眼なのである。

しるべし、花地《かち》悉《ことごとく》無生《むしょう》なり、花無生《かむしょう》なり。

そして梅花も大地も「今」ここにあるということである。いつからあるとか、いつまであるとか斟酌する以前に「今」ここにある。あるという以前にあるのだ。

花無生《かむしょう》なるゆゑに地無生《ちむしょう》なり。

花地《かち》悉《ことごとく》無生《むしょう》のゆゑに、眼睛無生《がんぜいむしょう》なり。

梅花が「今」ここにあるのだから、大地も「今」ここにあるのだ。そして梅花も大地も「今」ここにあるのだから、それに気づく眼も「今」ここにあるのだ。これも私たちが「今」を考える以前のことだ。

無生《むしょう》といふは無上菩提《むじょうぼだい》をいふ。

「無生」というのはいつからあるとか、いつまであるとか斟酌する以前の「今」なのだから、これ以上も以下もない「今」のことなのである。ここには「私」を差しはさむ余地はない。それを無上菩提、この上ない悟りという。

正當恁麼時《しょうとういんもじ》の見取《けんしゅ》は、梅花只一枝《ばいかただいっし》なり。

まさに「今」見るところは、梅花のただ一枝である。

正當恁麼時《しょうとういんもじ》の道取《どうしゅ》は、雪裏梅花只一枝《せつりばいかただいっし》なり。

地花生生《ちかさんさん》なり。

まさに「今」言うところは、雪の中の梅花のただ一枝である。大地も梅花もそのままに、「今」生き生きとしているではないか。

これをさらに雪漫漫《ゆきまんまん》といふは、全表裏雪漫漫《ぜんひょうりゆきまんまん》なり。

この「今」を雪漫漫と言うなら、表も裏も何もかも雪漫漫である。私たちが雪漫漫をどういうことだと斟酌する必要もない。

盡界《じんかい》は心地《しんち》なり、盡界花情《じんかいかじょう》なり。

この世界はいつでもどこでも本来の場である。そして「雪裏梅花」の場なのである。

盡界花情《じんかいかじょう》なるゆゑに、盡界《じんかい》は梅花《ばいか》なり。

「雪裏梅花」の場だからこそ、この世界は「雪裏梅花」なのである。本来そのものの世界なのである。

盡界梅花《じんかいばいか》なるがゆゑに、盡界《じんかい》は瞿曇《くどん》の眼睛《がんぜい》なり。

この世界は「雪裏梅花」なのだから、この世界はの釋尊の眼なのである。

而今《じこん》の到處《とうしょ》は、山河大地《せんがだいち》なり。

この釋尊の眼、「今」の至るところは、山河大地である。山河大地が山河大地として「今」ここにある。

到事到時《とうじとうじ》、みな吾本來茲土《わがほんらいこのど》、傳法救迷情《でんぽうしてめいじようをすくう》、

一花開五葉《いっけごようをひらき》、結果自然成《けつかじねんじよう》の到處現成《とうしよげんじよう》なり。

達磨大師は「この本来の世界に佛法を伝えて迷う者を救おう。ひとつの花が五枚の葉を開くように、結果はおのずから成就するであろう」と言われた。その「結果はおのずから成就する」のが、「今」のここなのである。

西來東漸《せいらいとうぜん》ありといへども、梅花而今《ばいかじこん》の到處《とうしよ》なり。

佛法は西からやってきて東に伝わったというが、ほんとうに佛法の至ったところはこの「梅花」の「今」なのである。

而今《じこん》の現成《げんじよう》かくのごとくなる、成荊棘《じようけいきよく》といふ。

このような「今」の様子を、如浄禅師は「荊棘を成す」と言っている。荊棘とは茨や葛藤のことである。私たちはともすると明鏡、澄みきった心境を望んでしまうものだが、「今」というのはもともと澄みきった心境などと限定する必要もない。明鏡の時もあろうが、むしろ葛藤そのものが「今」であろう。

大枝《だいし》に舊枝《きゅうし》新枝《しんし》の而今《じこん》あり、
小條《しょうじょう》に舊條《きゅうじょう》新條《しんじょう》の到處《とうしょ》あり。

大きな枝には古い枝や新しい枝が伸びているという「今」があり、小枝にはやはり古い小枝や新しい小枝が伸びているという「今」がある。

處《しょ》は到《とう》に參學《さんがく》すべし、到《とう》は今《こん》に參學《さんがく》すべし。

「処」は「到」である。「ここはどこだ」と言うより以前に「今」ここにいる。

「到」は「今」である。「どうしてここに到ったか」と言うより以前に「今」ここにいる。

三四五六花裏《さんしごろっかり》は、無數花裏《むすうかり》なり。花《はな》に裏功徳《りくどく》の

深廣《しんこう》なる具足《ぐそく》せり、表功徳《ひょうくどく》の高大《こうだい》なるを開闡《かいせん》せり。

いくつかの花の中にということは、数えきれない花の中にも同じことが言えるのだ。花には花の中にそれぞれの「今」が深く根付いている。それが表面に現れている花の姿のおおもとになっている。花の「今」、花の本来がおおもとなのだ。

この表裏《ひょうり》は、一花《いっか》の花發《かほつ》なり。

只一枝《ただいっし》なるがゆゑに、異枝《いし》あらず、異種《いしゅ》あらず。

これを表とか裏とか言っても、つまるところはひとつの花のことを言っている。私たち人間が表だとか裏だとか言っているにすぎない。ほんとうの花の「今」を見てみればよい。そこにはどこにも花ではないものはないのである。表も裏もない。私たちが見えるものを表、見えないものを裏と言っているだけだ。ひとつもふたつもない。ただ花そのものがそこにあるだけである。

一枝《いっし》の到處《とうしょ》を而今《じこん》と稱《しょう》ずる、瞿曇老漢《くどんろうかん》なり。

只《ただ》一枝《いっし》のゆゑに、附嘱嫡嫡《ふぞくてきてき》なり。

その梅花が、私たちが考える以前に「今」ここにある。ここにこうしてある。そのようになっている。それを「今」というのが釋尊なのであった。花が花であり、「今」が「今」であるからこそ、釋尊からの佛法が「今」ここに綿々と伝わっているのである。

このゆゑに、吾有《ごう》の正法眼藏《しょうほうげんぞう》、附嘱摩訶迦葉《ふぞくまかかしょう》なり。

汝得《にょとく》は吾髓《ごずい》なり。

花が花であり、「今」が「今」であるからこそ、釋尊は迦葉尊者に佛法が伝わったことを宣言したのである。迦葉尊者が得たものはまさに釋尊の真髄であった。

かくのごとく到處《とうしょ》の現成《げんじょう》、ところとしても大尊貴生《だいそんきせい》にあらずといふことなきがゆゑに、開五葉《かいごよう》なり、五葉《ごよう》は梅花《ばいか》なり。

このような「今」は、何でもないがゆえにほんとうに尊いことではないか。だからこの「今」に五葉が開くのである。この五葉とはこの梅花そのもののことである。梅花が梅花であるそのもののことである。

このゆゑに、七佛祖《しちぶつそ》あり。

西天二十八祖《さいてんにじゅうはっそ》、東土六祖《とうどろくそ》、および十九祖《じゅうきゅうそ》あり。

みな只一枝《ただいっし》の開五葉《かいごよう》なり、五葉《ごよう》の只一枝《ただいっし》なり。

この「今」が「今」だからこそ、釋尊以前にも七佛が悟りを開いたと伝えられているのである。釋尊以後、インド西域には二十八人の祖師がおられた。中国では六祖大鑑慧能《だいかんえのう》禅師までが六人、道元禅師の師匠天童如浄禅師まで十九人の祖師が、この佛法を伝えてきたのである。みな達磨大師の言われた「ひとつの花が五つの葉を開く」というように、それぞれに佛法を伝えてきた。それらの葉もまたひとつの花になって、五葉を開いてきたのだ。

一枝《いつし》を參究《さんきゅう》し、五葉《ごよう》を參究《さんきゅう》しきたれば、

雪裏梅花《せつりばいか》の正傳附囑相見《しょうでんふぞくしょうけん》なり。

このひとつの花、ひとつの枝、あるいは五枚の葉を参じ究めれば、如浄禅師の「雪裏梅花」を正しく受け継ぐことになるのである。

只一枝《ただいつし》の語脈裏《ごみゃくり》に轉身轉心《てんしんてんしん》しきたるに、

雲月是同《うんげつぜどう》なり、谿山各別《けいざんかくべつ》なり。

「只一枝の梅花」という言葉から、今までの思い込み、意味、常識から抜け出してみると、まさに雲と月は同じものだろう。谷と山は違うものだろう。そうではいかな。

しかあるを、かつて參學眼《さんがくげん》なきともがらいはく、五葉《ごよう》といふは、東地《とうち》の五代《ごだい》と初祖《しょそ》とを一花《いっか》として、五世《ごせ》をならべて、古今前後《ここんぜんご》にあらざるがゆゑに五葉《ごよう》といふと。この言《げん》は、擧《こ》して勘破《かんぱ》するにたらざるなり。

それなのに佛法に対して正しい眼を持っていない者たちが、達磨大師を一花として、六祖までのあとの五人を五葉とするとか言っている。取るに足らない考えである。

これらは參佛參祖《さんぶつさんそ》の皮袋《ひたい》にあらず、あはれむべきなり。五葉一花《ごよういっか》の道《どう》、いかでか五代《ごだい》のみならん。六祖《ろくそ》よりのちは道取《どうしゅ》せざるか。小兒子《しょうにし》の説話《せつわ》におよばざるなり。

ゆめゆめ見聞《けんもん》すべからず。

これらの者たちは佛祖に参じた者ではない。哀れむべき者たちである。「ひとつの花が五つの葉を開く」がどうして六祖までのことであろうか。六祖からあとは何も伝わっていないというのだろうか。子供の説法にもおよばない。決して見聞してはならないことである。

先師古佛《せんじこぶつ》、歳旦《さいたん》の上堂《じょうどう》に曰《いわ》く、元正祚《げんしょうそ》を啓《ひら》き、萬物《ばんもつ》咸《ことごと》く新《あら》たなり。伏《ふ》して惟《おもんみ》れば大衆《だいしゅ》、梅《うめ》、早春《そうしゅん》に開《ひら》く。

我が師である天童如浄禅師が年頭に言われた。「年が明けて天の恵みが開かれ、すべてのものが新たに出発した。そのようななかに梅花は早春に開く」と。

しづかにおもひみれば、過現當來《かげんとうらい》の老古錐《ろうこすい》、たとひ盡十方《じんじっぽう》に脱體《だつたい》なりとも、いまだ梅開早春《うめそうしゅんにひらく》の道《みち》あらずは、たれかなんぢを道盡箇《どうじんこ》といはん。

ひとり先師古佛《せんじこぶつ》のみ古佛中《こぶつちゆう》の古佛《こぶつ》なり。

よくよく考えてみれば、過去、現在、未来の祖師と言われる方が悟りを開いているといっても、この「梅花は早春に開く」が分からないならば道を究めた人とは言えない。天童如浄禅師は祖師方の中でも抜きんでた方である。

その宗旨《しゆうし》は、梅開《ばいかい》に帯《たい》せられて萬春《ばんしゆん》はやし。

萬春《ばんしゆん》は梅裏《ばいり》一兩《いちりよう》の功徳《くどく》なり。

この「梅花は早春に開く」ということは、梅花が開き、それとともに早春となるということである。いつも春はひとつふたつの梅花の力によるものなのである。早春が梅花であり、梅花が早春なのである。本来が本来を伴い、導き、追ってくるのである。

一春《いっしゅん》なほよく萬物《ばんもつ》を咸新《かんしん》ならしむ、
萬法《ばんほう》を元正《がんしょう》ならしむ。啓祚《けいそ》は眼睛正《がんぜいせい》なり。

春が、新たな年が、すべてのものを新たにする。すべてのことを新たにするのが、春なのだ。春だけでなくその時がその時を新たにするのだ。そのものがそのものを「今」新たにするのだ。それが本来ということである。それが天の恵み「祚」を開くということだ。それが本来を見極める正しい眼なのである。

萬物《ばんもつ》といふは、過現來《かげんらい》のみにあらず、
威音王以前乃至未來《いおんおういぜんないしみらい》なり。

すべてのものということは、過去も現在も、また原初の佛である威音王佛以前も、遠い未来も含めてのことである。その時が「今」という新たなのである。

無量無盡《むりょうむじん》の過現來《かげんらい》、ことごとく新《しん》なりといふがゆゑに、この新《しん》は新《しん》を脱落《だつらく》せり。このゆゑに伏惟《ふしておもんみれば》大衆《だいしゅ》なり。

伏惟《ふしておもんみれば》大衆《だいしゅ》は恁麼《いんも》なるがゆゑに。

果てしない過去、果てしない未来にことごとく新ただというのだから、新たという言葉ももう必要ないであろう。だからそこを考えてみるのだ。まさにそこは「今」なのだから。

先師天童古佛《せんじてんどうこぶつ》、上堂示衆云《じょうどうじしゅうにいわく》、一言相契《いちごんしょうかい》すれば萬古不移《ばんこふい》なり。柳眼新條《りゅうがんしんじょう》を發《ひら》き、梅花舊枝《ばいかきゅうし》に滿《み》つ。

我が師である天童如浄禅師があるとき上堂して修行僧たちに言った。「一言でも佛法にかなえば永遠に変わることはない。春に柳の芽が出て新しい枝が伸び、梅花が去年の枝に満々と咲いている」。

いはく百大劫《ひゃくだいごう》の辦道《べんどう》は、終始《しゅうし》ともに一言相契《いちごんしょうかい》なり。

一念頃《いちねんきよう》の功夫《くふう》は、前後《ぜんご》おなじく萬古不移《ばんこふい》なり。

菩薩が佛になるまでの長い期間の修行についてよく言われる。たとえば弥勒菩薩は五十六億七千万年の修行を経て佛になると。しかしながら一言が佛法にかなえばよいのである。一念を起こすだけの短い期間のほんとうの修行が、永遠に変わることのない本来なのである。

新條《しんじよう》を繁茂《はんも》ならしめて眼睛《がんぜい》を發明《はつめい》する、新條《しんじよう》なりといへども眼睛《がんぜい》なり。

ほんとうの功夫によって新しい枝を茂らせて、本来を見抜く眼を持つ。その功夫によって新たに眼を開かれる。新しい枝といえども、本来を見抜く眼に変わりはない。

眼睛《がんぜい》の他《ほか》にあらざる道理《どうり》なりといへども、

これを新條《しんじょう》と參究《さんきゅう》す。新《しん》は萬物咸新《ばんもつかんしん》に參學《さんがく》すべし。

本来を見抜く眼というのは、それ以外にはあり得ない。それを新しい枝とするのだ。「新しい」ということは「すべてのものを新たにする」。その春に問うてみよ。「すべてのものが新た」な「今」がここにあるではないか。

梅花滿舊枝《ばいかまんきゅうし》といふは、梅花全舊枝《ばいかぜんきゅうし》なり、通舊枝《つうきゅうし》なり。舊枝是梅花《きゅうしこればいか》なり。

梅花が古い枝に満ちているというのは、ひとつふたつの枝のことではない。全部の古い枝のことである。全部を通してのことである。つまり古い枝そのものが梅花なのである。それこそが本来の「今」なのである。

たとへば、花枝同條參《かしどうじょうさん》、花枝同條生《かしどうじょうせい》、花枝同條滿《かしどうじょうまん》なり。花枝同條滿《かしどうじょうまん》のゆゑに、吾有正法《ごうしょうほう》、附嘱迦葉《ふぞくかしょう》なり。面面満拈花《めんめんまんねんげ》、花花満破顔《かかまんはがん》なり。

「今」というのに、本来というのに、花だとか枝だとか区別されるものではない。花も枝も同時に参じ、花も枝も同時に生じ、花も枝も同時に満つるのである。それこそが釋尊が迦葉尊者に伝えた佛法なのである。花にも枝にも釋尊の拈花が満ちているではないか、花も枝も迦葉尊者の破顔そのものではないか。

先師古佛《せんじこぶつ》、上堂《じょうどう》して大衆《だいしゅ》に示《しめ》すに云《いわ》く、

楊柳腰帯《ようりゅうようたい》を粧《よそお》ひ、梅花臂韝《ばいかひこう》を絡《か》く。

我が師である天童如浄禅師があるとき上堂して修行僧たちに言った。「柳は腰帯をまとうようにまさに緑ならんとし、梅花は肘当てのようなつぼみの中からまさに紅の花を咲かせんとしている」。

かの臂韝《ひこう》は、蜀錦和璧《しょくきんわへき》にあらず、梅花開《ばいかかい》なり。

梅華開《ばいかかい》は、随吾得汝《ずいごとくにょ》なり。

梅花のつぼみは、蜀の国の錦や日本の玉璧のような特別の宝物ではない。梅花が今まさに開かんとしているということである。それぞれの修行僧も、特別の能力を持つものではない。しかしそここそが、梅花が開くように修行の成就のところなのである。梅花が開いて、「私」が「私」になるのだ。

波斯匿王《はしのくおう》、賓頭盧尊者《びんずるそんじゃ》を請《しょう》じて齋《さい》する次《つい》でに、王問《おうと》ふ、承聞《しょうもん》すらくは、尊者親《そんじゃまのあた》り佛《ほとけ》を見來《みきた》ると。是《ぜ》なりや不《いな》や。

釋尊と同時代の王、波斯匿王が羅漢の賓頭盧尊者を招待したときに問うた。「承りますれば尊者は目の当たりに釋尊に出会ったということです。本当でしょうか」。

尊者《そんじゃ》、手《て》を以《もつ》て眉毛《びもう》を策起《さつき》して之《これ》を示《しめ》す。

尊者は眉毛を手でなで上げて答えを示した。

先師古佛頌《せんじこぶつじゅ》して云《いわ》く、

眉毛《びもう》を策起《さつき》して問端《もんたん》に答《こた》ふ、親曾《しんぞう》の見佛相瞞《けんぶつあいまん》ぜず。

天童如浄禅師は偈を作って答えた。「賓頭盧尊者は眉毛をなで上げて立派に答えた。親しく佛にまみえたことに嘘はない」。

今《いま》に至《いた》るまで四天下《してんげ》に應供《おうぐ》す、

春《はる》は梅梢《ばいしょう》に在《あ》りて雪《ゆき》を帯《たい》して寒《さむ》し。

「賓頭盧尊者は現在に至るまで東西南北の天下に説法し続けている。春が梅の小枝にあって、雪が積もってずいぶん寒いと」。

この因縁《いんねん》は、波斯匿王《はしのくおう》ちなみに尊者《そんじゃ》の

見佛未見佛《けんぶつみけんぶつ》を問取《もんしゅ》するなり。

この波斯匿王と賓頭盧尊者のやりとりは、波斯匿王が賓頭盧尊者に佛にまみえたかどうかを問うているのである。

見佛《けんぶつ》といふは作佛《さぶつ》なり。作佛《さぶつ》といふは策起眉毛《さつきびもう》なり。

佛にまみえたということは、佛となったということである。佛となったということは眉毛をなで上げて答えたということなのである。まみえたという答えであれば、まみえたという事実を語るにすぎない。本来を伝えるのに事実など必要もない。

尊者《そんじや》もしただ阿羅漢果《あらかんか》を證《しよう》すとも、眞阿羅漢《しんあらかん》にあらずは見佛《けんぶつ》すべからず。見佛《けんぶつ》にあらずは作佛《さぶつ》すべからず。作佛《さぶつ》にあらずは策起眉毛佛不得《さつきびもうぶつふとく》ならん。

賓頭盧尊者がもし単に限定的な悟りといわれる羅漢であったとしても、真の羅漢でなければ佛にまみえることはない。佛にまみえなければ佛になることもない。佛にならなければ眉毛をなで上げることもできないはずである。

しかあればしるべし、釋迦牟尼佛《しやかむにぶつ》の面授《めんじゆ》の弟子《でし》として、すでに四果《しか》を證《しよう》して後佛《ごぶつ》の出世《しゆつせ》をまつ、尊者《そんじや》いかでか釋迦牟尼佛《しやかむにぶつ》をみざらん。

このようななかで賓頭盧尊者は眉毛をなで上げたのである。まさに釋尊の目の当たりに佛法を受け継いだ弟子として羅漢を証明し、次の佛法を受け継ぐ者を育てるために眉毛をなで上げたのである。賓頭盧尊者が釋尊とまみえていないなどとどうして言えようか。

この見釋迦牟尼佛《けんしやかむにぶつ》は見佛《けんぶつ》にあらず。釋迦牟尼佛《しやかむにぶつ》のごとく見釋迦牟尼佛《けんしやかむにぶつ》なるを見佛《けんぶつ》と參學《さんがく》しきたれり。

釋尊とまみえるということは、佛にまみえることと必ずしも同じではない。釋尊が釋尊にまみえる、その人がその人にまみえる、自分自身が自分自身にまみえる、これを佛にまみえるというのだ。

波《は》斯《し》匿《のく》王《おう》この參《さん》學《がく》眼《がん》を得《とっ》開《かい》せるところに、
策《さっ》起《き》眉《び》毛《もう》の好《こう》手《しゅ》にあふなり。

波斯匿王はその自分自身が自分自身にまみえる本来の眼を持とうとするとき、幸いにも賓頭盧尊者という眉毛をなで上げるすぐれた師匠にまみえたのである。

親《しん》曾《ぞう》見《けん》佛《ぶつ》の道《どう》旨《し》、しづかに參《さん》佛《ぶつ》眼《がん》あるべし。
この春《はる》は人《じん》間《かん》にあらず、佛《ぶっ》國《こく》にかぎらず、梅《ばい》梢《しょう》にあり。

「親しく佛にまみえる」という言葉に、静かに佛に参じる眼を持つべきである。この「今」という春はこの世界のことではなく、佛の国のことでもなく、まさに「春は梅の小枝にある」のだから。

なにとしてかしかるとしる、雪《せっ》寒《かん》の眉《び》毛《もう》策《さく》なり。

どうして「春は梅の小枝にある」と分かるのだろうか。それは賓頭盧尊者の眉毛がなで上がったからなのである。そこのところを参究してみよ。

先師古佛云《せんじこぶついわく》、本來《ほんらい》の面目《めんもく》生死《しょうじ》無《な》し、
春《はる》は梅花《ばいか》に在《あ》って畫圖《がと》に入《い》る。

天童如浄禅師は言った。本来ということのありようには、生だとか死だとか、あるいは善だとか悪だとか対立する概念などが入りこむ余地はない。人間が価値基準を設けて、その中で生だとか死だとか言っているにすぎない。春も春としてこの「今」にあるだけで充分なのだが、人間の中では春は梅花によって表現され描かれてしまう。

春《はる》を畫圖《がと》するに、楊梅桃李《ようばいとうり》を畫《が》すべからず。
まさに春《はる》を畫《が》すべし。

春を描くというなら、柳や梅、桃や李《すもも》で描いてもそれは春ではないだろう。春を描くには春で描くのだ。「今」を描くのもどんな言葉を尽くしてもそれは「今」ではない。「今」は「今」で描くのだ。

楊梅桃李《ようばいとうり》を畫《が》するは楊梅桃李《ようばいとうり》を畫《が》するなり、いまだ春《はる》を畫《が》せるにあらず。春《はる》は畫《が》せざるべきにあらず。

柳や梅、桃や李を描くのは、柳や梅、桃や李を描いてるにすぎない。春という「今」を描いてはいない。また春という「今」は描けるはずもないということでもない。春という「今」を描くなら、春という「今」で描けばよいのだ。

しかあれども、先師古佛《せんじこぶつ》のほかは、西天東地《さいてんとうち》のあひだ、春《はる》を畫《が》せる人《ひと》はいまだあらず。ひとり先師古佛《せんじこぶつ》のみ、春《はる》を畫《が》する尖筆頭《せんひつとう》なり。

しかし天童如浄禅師のほかには、インド、中国でもほんとうに春という「今」、春という本来を描ける者はいなかった。天童如浄禅師だけが春を描く筆頭であった。

いはゆるいまの春《はる》は畫圖《がと》の春《はる》なり、入畫圖《にゅうがと》のゆゑに。

とはいえ今ここで語っている春は語られた春にすぎない。絵として表現されてしまっているからだ。意味として語られているからである。

これ餘外《よげ》の力量《りきりよう》をとぶらはず、ただ梅花《ばいか》をして春《はる》をつかはしむるゆゑに、畫《が》にいれ、木《き》にいるるなり。善巧方便《ぜんきようほうべん》なり。

坐禅は人智を超えた力を問うものではない。特別の境地を要求するものでもない。ただ本来という「今」に梅花が開いて春が来る。その本来という「今」を伝えようとして春を描いてみるのだ。うまい手段ではないか。

先師古佛《せんじこぶつ》、正法眼藏《しようほうげんぞう》あきらかなるによりて、この正法眼藏《しょうほうげんぞう》を過去現在未來《かこげんざいみらい》の十方《じっぽう》に聚會《しゅうえ》する佛祖《ぶっそ》に正傳《しょうでん》す。このゆゑに眼睛《がんぜい》を究徹《きゅうてつ》し、梅花《ばいか》を開明《かいめい》せり。

天童如浄禅師はほんとうの佛法を見抜ける眼を持っているので、その眼を正しく受け継いだのである。そしてその眼を究め、梅花を梅花とし、「今」を「今」としたのである。

後記
――澪標

「語、未だ正しからず……」(寶鏡三昧)。一度私から放たれた言葉は、二度と本来のところに還らないであろう。言葉は言葉として一人歩きしていく。それを恐れて私の言葉は常にその場限りのことであった。

しかしながら祖録を読み、「正法眼藏」に触れることによって佛道を志した者も多いだろう。その道しるべ、澪標《みおつくし》となるべくあえて一石を投ずることにした。

本来とは何か、とずっと問うてきた。それは意味を問うているのではなく、また何を指し示しているのかを問うものでもない。私たちが本来とは何か、ということを考える以前の「今」を問うているのだ。「今」ここのことを問うているのだ。

正法眼藏における「功夫《くふう》」という言葉もなやましい言葉である。坐禅せよということでもなく、研究せよということでもなく、考えよということでもない。ただ「功夫」せよ、というのである。

古来、多くの祖師方が試行錯誤の中に「功夫」をしてきた。そして「功夫」の中に「功夫」を忘れ、「功夫」の中に「功夫」を離れ、「功夫」の中に「功夫」をしてきた。それぞれがそれぞれの葛藤窟裏《かっとうくつり》に、苦しみもがき「功夫」してきたのである。

私たちも、その「功夫」のあとに続くのである。あるいは苦しいときもある。あるいはもがかなければならないときもある。しかしそこから逃げてはいけない。その「今」こそが「功夫」なのだから。

あらためて問う。

本来とは何か。

謝辞

十年来、松門寺に参禅されている佐々木元也さんから多くの助言をいただき、この本はできました。私用の時間を割き、校正など全般に携わってくださったことに、心より感謝いたします。

立花知彦（たちばな・ちげん）

曹洞宗准師家。鶴壽山松門寺住職。一九五〇年生。東京工業大学理学部卒業。曹洞宗大本山總持寺本山僧堂にて修行。福井県小浜市發心寺専門僧堂堂頭原田雪慧老師に師事。發心寺後堂を経て、現在、松門寺にて坐禅会を主宰、栃木県鹿沼市端光寺にて眼藏會講師を続ける。

鶴壽山松門寺
東京都八王子市片倉町二一一二番地
TEL 〇四二－六三五－一三六三
HP http://www.shomonji.or.jp/

正法眼藏提唱
――現成公案・有時・諸悪莫作・梅花

二〇一四年二月七日　第一版第一刷発行

著者――立花知彦

発行――有限会社　唯学書房
東京都千代田区三崎町二-六-九　三栄ビル三〇二　〒一〇一-〇〇六一
TEL　〇三-三二三七-七〇七三　FAX　〇三-五二一五-一九五三
E-mail yuigaku@atlas.plala.or.jp　URL http://www.yuigaku.com/

発売――有限会社　アジール・プロダクション

デザイン――米谷豪

印刷・製本――中央精版印刷株式会社

ISBN978-4-902225-83-9 C0015
定価はカバーに表示してあります。
乱丁・落丁本はお取り替えいたします。